Jochen Temsch, geboren 1971 in Schwäbisch Gmünd, begann mit 14 Jahren als freier Mitarbeiter für eine Lokalzeitung zu schreiben. Banklehre und Abitur folgten. Er leistete seinen Zivildienst in der ambulanten Kranken- und Altenpflege. Seine Erfahrungen im Umgang mit Krankheit, Alter und Tod verarbeitete er zu einem Artikel, der in der «Zeit» erschien und eine monatelange Kontroverse auslöste. Für diesen Artikel erhielt er den Medienpreis der Freien Wohlfahrtspflege 1995. Jochen Temsch lebt in München, wo er studiert und als freier Journalist arbeitet.

JOCHEN TEMSCH

DAS WIRD
SCHON WIEDER

Ein Bericht

ROWOHLT

Lektorat Marcel Hartges
Umschlaggestaltung Sandra Bogdan
(Foto: Alexander Schlee)

Originalausgabe
Veröffentlicht im Rowohlt Taschenbuch Verlag GmbH,
Reinbek bei Hamburg, Februar 1996
Copyright © 1996 by Rowohlt Taschenbuch Verlag GmbH,
Reinbek bei Hamburg
Alle Rechte vorbehalten
Satz Bembo (Linotronic 500)
Gesamtherstellung Clausen & Bosse, Leck
Printed in Germany
1290–ISBN 3 499 13687 2

Für Sandra

Ich habe die Jugend versäumt
und habe den Lenz verträumt
und habe die Liebe verscherzt

*(Inschrift eines namenlosen Grabes
auf dem Wiener Zentralfriedhof)*

INHALT

I.

II.

III.

I.

_____ **Z**um Schluß arbeitet die Verdauung rückwärts. Es ist eine Art Selbstzerstörungsmechanismus, den der Körper aktiviert, wenn er sich nicht mehr aushält. Die Exkremente kommen einem zum Mund heraus. Du atmest sie ein und erstickst daran.

Der Tod ist eine dreckige Angelegenheit, das kannst Du mir glauben. Die auf dem Rücken liegenden Leichen sind oben gelb und unten violett oder bläulich, weil das Blut in ihnen absinkt. Wie geht es Dir?

Egal, wie es Dir geht, es geht Dir gut!

Ich friste mein Dasein als Klischee. So ein richtiger Arschwischer bin ich geworden. Ich wechsle Windeln, salbe furunkulöse Rücken, spritze knochentiefe Wunden mit Desinfektionsmitteln aus, verbinde nässende Eiterbeulen, lasse mich ansabbern aus zahnlosen Mündern und anspeien mit Blut und den unverdauten Resten von Babynahrung. Ich betrete Räume voller Miasmen und fasse an, was die Sterbenden absondern.

Ich arbeite an den Körperöffnungen der Menschen, ganz am Ende. Dort, wo der einzelne aufhört zu existieren, wo er sich langsam auflöst und zu einem übelriechenden Haufen welken Fleisches wird.

Meine Patienten sind gelähmt, verkalkt, verkrebst, hirnschwündig, offen und fast schon tot. Die Ärzte entlassen sie aus den Kliniken, damit sie zu Hause sterben können.

◆◆◆

Einer hatte einen Leistenbruch. Er war mit seinen 85 Jahren geistig fit ins Krankenhaus eingeliefert worden. Die Narkose raubte ihm den Verstand. Wir holten ihn aus einem von oben bis unten verschissenen Bett. Seine Tochter war psychisch wie physisch am Ende und zitterte am ganzen Leib. Sie sagte, tagsüber sei er immer ganz ruhig und schlafe friedlich. Nachts dagegen stehe er auf, trinke Schnaps und stecke sich Zigarren an.

In Wirklichkeit langt ihm das noch nicht, denn er kackt auch in seine Nachttischschubladen rein. Pissen tut er in den Schrank.

Ich wunderte mich noch, warum der Boden im Schlafzimmer aus nackten Holzdielen besteht!

Ist besser abwaschbar als Teppich.

Wir zogen den Alten aus und steckten ihn in die Badewanne.

Gott schütze die Erfinder von Vinyl und Latex, denn daraus sind unsere Handschuhe gemacht!

Der Alte besitzt noch nicht mal eine Zentralheizung, nur Kohleöfen. Der beißende Rauchgeruch im Badezimmer überdeckt den allgegenwärtigen apokalyptischen Gestank des Abtretens von dieser Welt wenigstens ein kleines bißchen.

Aber der Leistenbruch!

So was habe ich noch nie gesehen.

Ich fragte mich schon, als er noch seinen Schlafanzug trug: Was hat er denn da an den Beinen? Seine Hose war so seltsam ausgebeult. Das waren seine Hoden!

Ich schwöre Dir, der Mann hatte Eier bis zu den Kniekehlen runter, groß wie Handbälle! Als er in der Wanne lag, trieben sie oben auf der Wasseroberfläche und ragten über den dünn gewordenen Schaum hinaus wie zwei Bojen in brackigbrauner See.

Wir schrubbten und schmirgelten diesen schlaffen Körper mit unseren Waschlappen. Und die angetrocknete Kacke hing in jeder Pore fest, wollte einfach nicht von ihm heruntergehen.

Nachher setzten wir den Alten auf einen Stuhl, kämmten ihn und machten ihm ein Fußbad.

Jetzt kam die Feinarbeit.

Ich kniete mich hin und zwängte meinen Zeigefinger in die engen Zwischenräume seiner rissigen, verwachsenen und brandigen Zehen – und pulte auch dort die Scheiße hervor.

Du, zwischen den Zehen!

Die Tochter des Alten war ganz erstaunt: «Ja, auf die Idee, sein Aa an so einer Stelle rauszumachen, wäre ich nicht gekommen!»

Dann lachte sie noch so hysterisch, als hätte sie einen Witz erzählt.

Ich glaube, sie hatte einen sitzen.

Sein Aa!

Bald kehrte Routine ein.

Eines Nachts öffnete er einen der Kohleöfen und stocherte in der Glut herum. Seine Tochter meinte am nächsten Tag, er habe versucht, das Haus anzuzünden.

Wieder lachte sie hysterisch.

Meine Kollegin sagte, bald sei auch die Tochter pflegebedürftig.

Vor zwei Tagen ist der Alte gestorben.

Wir sind alle sehr zufrieden darüber.

Bei einem anderen Patienten verbinden wir jeden Tag zweimal das Steißbein. Es guckt halt raus am Ende der Wirbelsäule, und es riecht süßlich.

Ich ziehe die Hautlappen mit Pinzetten auseinander, und meine Kollegin spritzt Wasserstoffoxid in diesen feurigroten, eitrigen Schlund.

Wenn das Wasserstoffoxid auf die Wunde trifft, schäumt es und knallt leise – wie Brause.

Was glaubst Du, wie das aussieht?

Ja, der Ekel.

Man gewöhnt sich hoffentlich.

Ich zwang mich von Anfang an hinzugucken, hinzufassen – und auch meine Vorgesetzten zwangen mich dazu. Ich bin Befehlsempfänger und kann sogar mit Gefängnis bestraft werden, wenn ich mich den Befehlen verweigere.

Man gewöhnt sich, dann ist es wie Putzengehen.

Mein erster Tag: Die Oberpflegerin holte mich ab. Ich sah sie zum erstenmal.

Sie ist klein und gedrungen, hat wurstige Arme und einen Kopf wie eine Bulldogge, mit einer faltigen Speckschicht unter dem eigentlichen Kinn. Durch eine Kassengestellbrille schaut sie einen stets erstaunt und angewidert an, manchmal auch ein biß-chen mitleidig. Wie ein Wachhund, der den Eindringling zuerst mustert, bevor er ihm an die Gurgel springt.

Ich habe mir deshalb abgewöhnt, ihr ins Gesicht zu sehen, wenn wir reden. Humor scheint sie abstoßend zu finden. An mir zu-mindest.

Ich sage «Hallo», stelle mich vor und mache einen auf kollegial, lache sie an und bin ganz aufgeschlossen. Immerhin ist sie dieje-nige, die mich anlernt, bevor ich alleine auf Tour gehen muß.

«Ihr Dienst dauert fünfzehn Monate. Ich muß noch ein paar Jährchen länger arbeiten, bevor die Rente fällig ist. Ich hoffe, Sie wissen, was das heißt. Sie werden mich sehr stark entlasten!»

Damit fährt sie mir gleich über den Mund und stellt klar, daß sie keine Lust hat, verbal mehr als die dienstliche Notdurft an mir zu verrichten.

Sie trägt die Last der Leiden der Welt auf ihren Schultern – und nachts weiß sie nicht mehr, wie sie ihr kaputtes Kreuz lagern soll, weil sie vor Schmerzen schier umkommt.

Leider muß ich mit ihr leben, denn sie lernt mich nicht nur an, sondern schreibt auch die Dienstpläne. Sie gewährt mir Urlaub und bestimmt darüber, wie hart die Fälle sind, die ich alleine zu betreuen haben werde.

Du weißt, was das bedeutet.

«Wie geht's denn vor sich heute, an meinem ersten Tag?» frage ich.

Sie wird schon wieder bissig: «Wie soll's vor sich gehen? Wir klappern die Menschen ab! Das ist an Ihrem ersten Tag so, und das wird an Ihrem letzten Tag so sein!»

Okay, erste Lektion schon kapiert: Ich bin hier die billige Arbeitskraft, der letzte Dreck, der Schuhabstreifer, ein Nichts. Ich beschließe, daß meine Oberpflegerin fortan nur noch Zerberus heißt.

◆◆◆

Wir betreten ein ungelüftetes Zimmer voller Kitsch und Nippes und häßlicher Kinderfotos.

«Sind das Ihre Enkel, die sind ja süß...»

Der Fußboden knarrt, die Standuhr tickt. Sie geht zwei Stunden nach.

Ein Ehepaar ist zu versorgen. Die Frau hat offene Beine. Es sieht aus wie eine Mischung zwischen Verbrennung und Lepra. Der Mann ist blind. Er fragt, ob ich Deutscher sei.

«Ja.»

«Gut, Ausländer sind Gschwerl für mich, das kann ich Ihnen gleich sagen», meint er todernst.

Zerberus knurrt: «Jaja, aber wenn einer unserer ausländischen Krankenpfleger kommt, dann sind Sie auch froh, oder?»

«Ich kann mir diese Pfleger ja leider nicht aussuchen!» schnauzt der Blinde zurück.

Grinsend schiebt er sein Unterhemd hoch und feixt: «Haben Sie so was schon mal gesehen?»

«Nein», zwitschere ich, professionelle Gefaßtheit heuchelnd. Schließlich will ich nicht gleich an meinem ersten Tag als Schwächling dastehen.

«Es ist nicht schön, das kann ich Ihnen sagen», flüstert der Mann hinterfotzig.

«Och, ich habe schon Schlimmeres gesehen», sage ich, und ich habe noch nie so gelogen wie in diesem Moment!

An seinem bleichen Wanst hängt ein mokkabrauner Plastikbeutel.

Der Alte langt immer wieder hin und drückt den matschigen Inhalt dieses Beutels mit den Fingern zusammen. Das erzeugt ein schmatzendes Geräusch, das mich an Grütze erinnert, in der man mit einem Löffel rührt.

«Das ist ein künstlicher Darmausgang», triumphiert er.

Er schaut dabei genau in meine Richtung.

Mein Herz beginnt zu rasen.

Zerberus entfernt ein quadratisches Pflaster – und schon hält sie den Beutel in der Hand.

Ich zwinge mich dazu, das Stück Darm anzugucken, das ganz runzlig, blutig, feucht und zuckend aus der Bauchdecke wächst.

Man nennt dieses Stück heraushängenden Darm Anus – das heißt soviel wie Arschloch, nur auf lateinisch.

Zerberus nimmt eine Schablone und schneidet ein neues quadratisches Pflaster zurecht, um einen neuen Beutel an dem Mann zu befestigen.

Da rieche ich es: Langsam verbreitet sich ein Gestank im Wohnzimmer!

Ein Gestank!

Wie nach einer geplatzten Pestbeule! Wie nach einem offenen Grab!

Es stinkt direkt aus dem Darm heraus, entströmt geradewegs dem tiefsten Innern fauliger Eingeweide. Kein Mensch kann sich so einen infernalischen Gestank vorstellen!

Zerberus guckt mich neugierig an.

Sie fragt sich wohl, ob ich als Zivi was tauge.

Ich verziehe keine Miene.

Dann ruft der Alte ganz freudig überrascht: «Ha! Da kommt ja noch was raus!»

Jetzt bricht meine Panik voll aus: Nein, nein, nein, nein!

Zerberus eilt zu ihm hin: «Drücken Sie! Drücken Sie! Ja! So, daß alles rauskommt!»

Ich will tot umfallen.

Und er drückt.

Zerberus hält ein Taschentuch unter das, was diesem hinfälligen Körper entquellen will, und massiert ihn gleichzeitig, um ihm noch mehr zu entlocken. Der Vorrat an brauner, weicher Kacke ist unerschöpflich.

◆◆◆

Dieser Gestank steckt in sämtlichen Fasern meiner Kleidung. Er hat sich in meinen Haaren festgesetzt. Er haftet auf meiner Haut.
Mein Wohnzimmer betrete ich erst nach einem ausgiebigen Reinigungsritual.
Ich ziehe mich schon im Flur aus, werfe die Klamotten in die Wäschetonne und steige sofort unter die Dusche. Ich lasse das Wasser stundenlang an mir herabrinnen und parfümiere mich anschließend sehr stark ein. Ich benutze Arztseife, die antiseptisch sein soll, und reibe mich mit einem Desinfektionsmittel ab, das meinen Körper völlig austrocknet. Aber es hilft alles nichts. Der Gestank hängt mir noch in der Nase. Mein Gedächtnis kann ich nicht abduschen. Ja, man hat auch für Gerüche eine Erinnerung.
Vor allem beim Essen ist es schlimm.
Ich habe abgenommen.

◆◆◆

Gestern fragte mich eine Patientin, wie lange mein Zivildienst dauert.
«Fünfzehn Monate», antwortete ich.
Es klang wie «lebenslänglich».
«Ach, Sie Armer», meinte die Patientin.
Darauf bellte Zerberus: «Tja, sein Problem. Er hat sich seine Dienststelle selber ausgesucht!»
Schnell erwiderte ich mit einem verkniffenen Lachen: «Eben. Und es gefällt mir auch sehr gut. Ich wollte von Anfang an in die Altenpflege.»
Es war ja nicht ganz so.

Die Bundeswehr stand für mich nie zur Debatte. Nicht daß ich nicht schießen könnte! Ich denke, wer da hinwill, der soll das machen. Es ist halt so – Du weißt es –, daß ich es nicht ausgehalten hätte, in Reih und Glied zu stehen und meine Hemden auf einem DIN-A4-Blatt zusammenzufalten. Und jetzt?

Beim Gedanken an einen fünfzehnmonatigen Alltag als Altenpfleger bekomme ich Angst. Klar, der Zivildienst ist bloß ein notwendiges Übel, eine Übergangszeit, Zeit, die ich totzuschlagen habe. Aber ich fürchte die Veränderungen, die in mir vorgehen müssen, damit ich all das Leid ertragen kann. Es bedarf mehr als eines starken Kreuzes, mit dem man leidende Körper tragen kann – und selbst ein starkes Kreuz besitze ich nicht. Ein Jahr und drei Monate!

Der Job kostete mich einen Anruf bei der Caritas. Der Altenpflegeverein war gleich an mir interessiert. Und dann besichtige ich meine Dienstwohnung. Der Vorsitzende des Altenpflegevereins erklärt mir, wie meine Tätigkeit aussehen wird – ich dagegen stelle mir nur vor, wie meine Wohnung aussehen wird. Ich fasse es noch gar nicht: Meine erste eigene Wohnung!

«Die Patienten liegen alle bei sich zu Hause. Manche haben Angehörige, manche haben keine mehr», doziert der Vereinsvorsitzende mit ernster Miene.

‹Hier kommt das Bücherregal hin. Dort drüben hänge ich ein Poster auf›, plane ich in Gedanken meine Bude.

«Sie werden diese Leute waschen und verbinden.»

‹Ich habe sogar einen Kabelanschluß. Stark!›

«Der jüngste Patient ist 75 Jahre, der älteste Patient an die hundert Jahre alt.»

‹An die Fenster kommen schwarze Papierrollos, auf die Kommode Kerzenständer.›

«Sie werden es nicht leicht haben am Anfang. Es dauert schon ein Weilchen, bis man sich an alles gewöhnt. Außerdem arbeiten Sie auch am Wochenende und am Abend. Wenn Ihnen das alles nichts ausmacht, dann...»

«Was? In Ordnung, es gefällt mir alles hervorragend! Mit mir können Sie rechnen! Ich nehme die Stelle!» Ich lachte voller Vor-

freude und verstand nicht, warum der Vereinsvorsitzende
zweifelnd dreinschaute.

Du, die haben seit fast zwei Jahren keinen Zivi mehr bekommen. Diesen Job will einfach keiner machen. Die meisten Zivi
übernehmen Fahrdienste, für Behinderte zum Beispiel oder für
«Essen auf Rädern». Sie stellen Töpfe hin und sammeln sie wieder ein. Dafür kassieren sie auch noch kräftig Trinkgeld, weil die
Alten denken, sie müßten ihre Mahlzeiten doppelt und dreifach
bezahlen.
Die allerschlausten Typen aber, die verweigern erst gar nicht,
sondern melden sich zum Bund.

Ich habe zuwenig über diese Dinge nachgedacht. Jetzt sehe ich
den ganzen Tag über ein einziges Grauen – und ich beginne zu
bereuen.

Wenn meine Patienten mal nett zu mir sind, das heißt, wenn sie
mir nicht auf die Hose scheißen, während ich sie wasche, wenn
sie nicht zu schwer sind und wenn sie sich ins Bett wuchten lassen, ohne mich zu ohrfeigen – dann fühle ich, wie ich sie liebe. Es
ist das libidinöse Verhältnis zwischen Gequältem und Peiniger.
Du bist dankbar für jede Geste, die nicht mit Schmerzen für dich
verbunden ist.
Es ist dies das Verhältnis zwischen Abteilungsleiter und Ange-
stelltem, zwischen Schließer und Häftling, zwischen Pflegefall
und Pfleger.
Meine Gefühle machen mir angst.
Ich werde verheizt.
Manchmal denke ich, ich hätte doch zum Bund gehen sollen.

Leb wohl!

RASIERKLINGEN GEGEN TRAURIGKEIT

Ist das nicht komisch?

Wir beide arbeiten nun mit dem Leben. Du arbeitest mit dem Anfang des Lebens und ich mit dem Ende.

Wir beide haben die Provinz verlassen und suchen in den Großstädten unser Glück.

Aus Deinen Briefen lese ich aber heraus, daß auch Du Dir vieles ganz anders vorgestellt hast. Auch als Au-pair-Mädchen nutzen sie einen also aus, da hilft selbst das traumhafte Paris nichts.

Ja, das Leben streift uns momentan beide ganz schön.

Ein bißchen amüsiert war ich schon über das, was Du über Deine neurotischen Kinder geschrieben hast.

Die Dreijährige zieht sich tatsächlich in der Metro nackt aus, und Du bist machtlos dagegen? Und die Achtjährige sagt zu ihr, sie soll in der Station aus dem Zug springen, kurz bevor er wieder anfährt? Nur um Dich zu provozieren? Und die Dreijährige springt? Wenn Ihr zusammen malt, dann kritzeln die beiden einen Penis nach dem anderen hin und sagen dazu die ganze Zeit «merde»?

Du wolltest ja immer Kinder haben – ich nicht.

«I want to wake up in an city that doesn't sleep!» In einer Stadt erwachen, die niemals schläft! Das ist es! Und es herrscht Goldgräberstimmung.

«Ich würde dich nie im Leben heiraten», sagtest Du, nachdem ich Dir einst meine Vorstellungen dargelegt hatte. Ich war erleichtert.

Enge gefühlsmäßige Bindungen führen bei mir zu Schweißaus-
brüchen. Schon die Vorstellung, so richtig eng zusammenzu-
leben – da muß ich schwitzen.
Vielleicht kann ich nicht lieben. Vielleicht kann ich mich nicht
lieben lassen. Vielleicht war es nur Sex bei uns.
Keine Ahnung.

◆◆◆

Wie kann man sich bloß die Pflege als Beruf aussuchen?
Eine Kollegin von mir, eine gelernte Krankenschwester, macht
sogar Überstunden ohne Bezahlung. Ihr stets entspanntes Gesicht zeugt von totaler Gelassenheit. Sie ist der Prototyp einer
netten Tante, klein und hübsch, etwas rundlich um die Hüften,
sehr gepflegt und selbst in ihrem notorischen weißen Kittel irgendwie modisch. Sie lebt allein. Ihr Mann ist von einem Thai-
landurlaub nicht mehr zurückgekehrt. Ihr Single-Dasein ist bestimmt mitverantwortlich dafür, daß sie den intensiven Kontakt
zu ihren Patienten sucht. Sie hat Zeit und braucht Gesellschaft.

Die Frau pflegt nicht nur. Sie kauft auch für die Alten ein, kocht
für sie und erledigt Botengänge. Alles unentgeltlich, versteht
sich. Es scheint, als gäbe sie ihr ganzes Leben an die Halbtoten
hin. Sie hat immer ein freundliches Wort auf den Lippen und
quatscht stundenlang mit den Patienten oder deren Angehörigen. Es ist faszinierend, wie selbstlos sich diese Kollegin sogar
mitten in der Nacht aufmacht, um die Leute bei vorgegaukelten
Notfällen zu versorgen. Ich sage vorgegaukelt, weil die Alten
nachts oft einen Rappel kriegen. Dann rufen sie bei den Pflegern
an und lügen was von Durchfall oder Erbrechen, damit man
kommt. Erst einmal eingetroffen, stellt sich heraus, daß die Patienten nur jemanden zum Reden einbestellen wollten, weil sie
sich einsam fühlten. Um solche Unverschämtheiten auszu-
schließen, haben alle Pfleger des Vereins Anrufbeantworter –
alle bis auf diese Kollegin. Mit einem Anrufbeantworter kannst
du in Ruhe überlegen, ob es was Ernstes ist oder nur dieser

Einsamkeitsanfall, wenn das Telefon bei dir klingelt; du kannst mithören, ohne abzuheben.

Aber warum ist meine Kollegin so?
Sie antwortet: «Wer sagt Ihnen denn, daß ich das umsonst mache? Ich verlange was dafür – natürlich kein Geld, eher ideelle Dinge. Zuneigung zum Beispiel, ein Dankeschön. Im Grunde genommen mache ich das für mein Ego.»

Das kannst du interpretieren, wie du willst.
Aber es ist, wie in der Kirche einen Geldschein in die Sammelbüchse zu stopfen und vorher noch damit rumzuwedeln: «Schaut her, ich spende ganz, ganz viel!»
Nur eben im kleineren Rahmen, bescheidener, unter vier Augen, zwischen ihr und ihren Patienten.
Anonym spendet niemand Gutes. Anonymität bringt keine Anerkennung, kein Ansehen und keine Abschreibemöglichkeit.
Das bringt keine Zuneigung und kein Dankeschön – keinen Gegenwert!
Soviel zum Thema Nächstenliebe. Niemand liebt seinen Nächsten wie sich selbst!

Aber glücklich, wem ein Danke Lohn genug ist! Der hat wenigstens nicht das Gefühl, umsonst zu arbeiten. Im Gegensatz zu mir.

Ich habe beschlossen, daß diese Kollegin fortan Der Gute Engel heißt.

Wenn der Pflegeverein zweimal klingelt...
Wir klingeln immer, obwohl wir Zweitschlüssel für die Wohnungen der Alten besitzen. Bei manchen Patienten schreien wir schon an der Eingangstür «Guten Morgen!».
Kommt keine Reaktion, machen wir uns auf den Tod gefaßt.

Einer dieser Patienten ist achtzig Jahre alt. Er liegt jeden Morgen bis über beide Ohren unter seiner Bettdecke und weigert sich aufzustehen. Wenn wir kommen, hilft ihm alles nichts. Dann muß er raus. Zerberus widerspricht man nicht.

Wenn wir gehen, legt er sich wieder rein und zieht sich die Decke über den Kopf. Keine Ahnung, ob außer Zerberus und mir noch ein anderer Mensch ab und zu bei ihm vorbeischaut.

Seine Beine sind angeschwollen wie die eines Elefanten. Dagegen bekommt er Wassertabletten. Auf Wassertabletten mußt du am laufenden Band pinkeln. Dieser Patient mag sich jedoch auch dazu nicht mehr aufraffen und macht lieber ins Bett.

Die Lebensgefährtin ist ihm vor einem halben Jahr weggestorben. Seitdem bekommt der Mann auch Saroten. Zerberus sagt: «Das ist, damit man nicht mehr soviel weinen muß.»

Das Wasser zum Waschen muß in einem Topf über der Gasflamme erhitzt werden.

Bis der Alte auf seinen Stöcken die fünf Meter ins Bad gekrochen ist, kocht das Wasser. Bis er auf der Kloschüssel sitzt, hat sich das Wasser schon wieder auf die richtige Waschtemperatur abgekühlt.

Nachts hatte er Durchfall. Zerberus kniet sich hin, um ihm die Hosen herunterzuziehen. Sie kniet sich in Scheiße. Der Mann hat vergangene Nacht neben die Kloschüssel gemacht. Zerberus merkt es erst, als sie wieder aufsteht. Sie verzieht ihr Gesicht, als hätte sie in eine Zitrone gebissen, sagt aber nichts.

Was sollte sie auch sagen?

Wir stellen den Alten auf.

Er hält sich zittrig am Waschbeckenrand fest.

Sein Körper ist ein Skelett, mit dünnem, fleckigem Pergament überzogen. Sein Mund ist eine schwarze Höhle, immer für Jammerlaute geöffnet, zahnlos bis auf zwei Goldstifte im Unterkiefer.

«Au-au-au-au-au . . . au-au-au-au-au-au.»

So geht es ohne Pause. Das sind jeden Morgen seine ersten Töne – und jeden Abend seine letzten.

Wie durch einen Kanaldeckel steigen namenlose Magengerüche durch diesen jammernden Mund empor. Ich kann ihnen nicht entgehen, weil ich den Alten rasieren muß.

Das ist kein leichtes Unterfangen.

Vor allem die lappige Haut am Hals macht mir Schwierigkeiten. Sie ist so schlaff wie bei einer Echse und läßt sich kaum schaben.

Der Mann weint.

Zerberus schreit: «Ja, haben Sie denn Ihre Medikamente gestern abend nicht genommen?»

Sie meint, die Saroten-Dosis müsse erhöht werden.

Er stammelt: «Is doch kein Leben.»

Er will Rasierklingen von uns haben oder wenigstens einen Strick.

Zerberus sagt: «Er hat Rasierklingen, und er könnte sich sehr leicht umbringen, wenn er wollte. Das tut er aber nicht. Er braucht das Gerede.»

Dann schreit sie ihm ins Ohr: «Das wird schon wieder.»

«Ich mag nicht mehr leben», erwidert der Alte.

«Nananana! Sie dürfen dem lieben Herrgott doch nicht in sein Handwerk pfuschen!»

Medikamente, damit man nicht mehr soviel weinen muß. Der Trost aus der Apotheke – das ist es, was den Menschen im Innersten zusammenhält!

Ich habe mich verändert. Zum Beispiel mein Kunstgeschmack: Düsteren Bildern, die mich früher stets angezogen haben, gehe ich heute aus dem Weg. Sie deprimieren mich.

Überhaupt bin ich anfälliger geworden.

Ich sitze zum Beispiel im Kino – und plötzlich erscheint eine todkranke Person auf der Leinwand.

Du, dann gucke ich geschockt zur Decke hinauf, als befände ich mich in einem Horrorfilm!

Dann meine Dienstwohnung!

Stell Dir mal vor: Ich schlafe auf einer Matratze, auf der schon einer an Krebs gestorben ist.

Die Matratze war ein Geschenk der Angehörigen an den Altenpflegeverein. Und da dachte der Vorsitzende, das wäre doch was für die Wohnung des Zivi!

Ich weiß erst seit wenigen Tagen davon.

Und seit ich es weiß, bin ich von Gespenstern umgeben.

—————— **H**eute waren Zerberus und ich zum Kehraus bestellt. Es geschah in einem Gotteshaus.

Das Haus ist wirklich sehenswert.
Für die Einrichtung muß eine Kirche geplündert worden sein. Im marmorkalten Flur steht eine überlebensgroße, uralte Marienstatue mit Jesuskind auf den Armen. Wenn du die Treppen zum ersten Stock hochsteigst, kannst du im Abstand von jeweils fünf Stufen den Kreuzweg Christi nachvollziehen.
Festgehalten in Öl und gerahmt in Gold wird Jesus auf diesen Darstellungen gepeitscht, geprügelt und schließlich ans Kreuz genagelt. Dann läufst du Schaukästen entlang, in denen Reliquien aufgebahrt sind: Haare, Zähne und Knöchelchen von Heiligen.
Das Haus verströmt den Mief des Weihrauchs und damit die Grabesatmosphäre freudloser Frömmigkeit. Du bildest dir gregorianische Chöre ein. Und aus den verschlossenen Gästezimmern und abgelegenen Herrgottsecken hörst du die Apostel wispern.
Man redet hier nicht allzuviel und geht gesenkten Hauptes. Und es wird einem klamm im Gemüt. Doch Zerberus und ich, wir müssen reden, mit Engelszungen sogar und feurig.
Denn wir sind Exorzisten. Ausgetrieben werden soll die Großmutter!

Sie sitzt in ihrem Rollstuhl. Decken sind über ihre Knie gebreitet. Sie schaut hinaus auf den riesigen Garten, der ganz im Gegensatz zum Haus seltsame Horte irdener Freuden umgibt. Ein Reitparcours ist dort aufgebaut und ein Hallenbad. Geplanscht hat die alte Dame dort sehr selten, geritten ist sie nie. Sie ließe sich niemals von einem Mann waschen. Aber Zerberus kann sie nicht alleine halten. Also verspreche ich der Frau, sie nicht anzuschauen, während ich ihr von hinten unter die Achseln greife. So hängt sie dann auf meinen Armen, die Knie eingeknickt, den Kopf gesenkt – wie eine aus dem Wasser gezogene Katze.

Zerberus fuhrwerkt mit dem Waschlappen.

Sie hebt an: «Wissen Sie, es ist schön im Heim!»

Die Großmutter lächelt unsicher: «Ach, ich glaube, da gefällt es mir gar nicht.»

Zerberus lacht unecht: «Jaja! Ihre Vorurteile kommen von früher. Da waren die Heime tatsächlich nur zum Abschieben da. Heute ist es dort sehr lustig. Es wird zusammen gespielt und gebastelt, auch Kaffee getrunken.»

«Gespielt und gebastelt? Warum sollte ich spielen und basteln?»

Zerberus wirft den Waschlappen so kräftig ins Waschbecken, daß es bis an den Spiegel hochspritzt. Sie lacht jetzt nicht mehr und sagt bestimmter: «Ein bißchen Gesellschaft hat noch niemandem geschadet!»

Doch die Großmutter läßt sich nicht beirren: «Das sind doch alles Fremde für mich.»

Zerberus enttäuscht mich nicht. Ihr Geduldsfaden reißt tatsächlich schon nach diesen paar Sätzen.

Sie bellt: «Jetzt hören Sie aber auf!»

Dann besinnt sie sich doch wieder auf pädagogischere Töne und versucht es noch einmal moderat: «Sie haben dort alles, was Sie auch hier haben. Mehr noch. Tag und Nacht ist eine Schwester für Sie in Bereitschaft.»

Sie nimmt ein Handtuch und trocknet die Alte ab. Die Großmutter lächelt: «Aber das ist doch hier auch so. Meine Tochter steht nachts immer für mich auf. Und tagsüber ist sie ununterbrochen an meiner Seite.»

Ich denke: «Der Countdown läuft. Gleich flippt Zerberus aus.»

Zerberus hängt das Handtuch auf und stemmt ihre Arme in die Hüften. Sie mustert die Alte, die immer noch wie eine nasse Katze an mir dranhängt. Sie wird schwer, und ich muß mich leicht nach hinten beugen, damit sie mir nicht entgleitet. Ich atme laut und angestrengt aus, damit Zerberus auf die Idee kommt, die Erlaubnis zum Ablassen der Frau zu erteilen. Das tut sie aber nicht. Wahrscheinlich braucht sie in diesem Moment das Gefühl totaler Überlegenheit. Zerberus stichelt: «Jetzt denken Sie doch mal nach! Was spricht denn nun wirklich gegen das Heim?»

Die Großmutter sträubt sich und will sich setzen. Ich muß mich noch weiter nach hinten beugen, um sie halten zu können.

Sie sagt: «Das hier ist mein Zuhause!»

Zerberus wird rabiater: «In Ihrem Alter hätte man sich die Heime eben mal anschauen müssen. Ich meine, solange man noch gesund ist. Wären Sie mal hingegangen, dann hätten Sie jetzt keine Angst mehr davor!»

Ich kann nicht mehr und setze die Großmutter ab. Zerberus quittiert das mit einem verärgerten Blick. Wir werfen der Alten die Decken über die Knie und rollen sie ans Fenster.

«Ich werde nie und nimmer gehen!» schluchzt sie.

«Soso! Auf Wiedersehen!» knurrt Zerberus.

Ich trotte hinter ihr her.

Wir steigen den Kreuzweg Christi hinab zu der Tochter. Die fragt: «Wie war's?»

Zerberus berichtet verbittert. Die Tochter nickt. «Wir müssen es probieren!»

Es sei halt alles ein bißchen viel geworden in letzter Zeit. Trotzdem sei ihr aber, wie sie sagt, der Entschluß nicht leichtgefallen.

Die Mutter muß weg, weg, weg!

Ich dachte, unser Auftritt sollte die Alte erst mal ganz vorsichtig an den Gedanken gewöhnen. Ich dachte, es dauert noch Wochen, bis die Frau tatsächlich im Heim landet. Ich bin eben ein Anfänger. Und so naiv. Und so naiv!

Es klingelt.

Zwei Männer vom Malteser Hilfsdienst stehen vor der Tür. Sie haben eine Bahre dabei. Sie spurten den Kreuzweg Christi empor ins Zimmer der Großmutter. Es ist Wahnsinn!

Die Großmutter sitzt in ihrem Rollstuhl vor dem Fenster, nestelt an den Decken über ihren Knien, guckt hinaus auf den Reitparcours und das Hallenbad. Sie sinniert über das Leben, oder sie freut sich ganz einfach auf das Frühstück.

Dann springt die Tür auf, und die zwei Sanitäter fallen über die völlig Ahnungslose her.

Ihr Fluchtreflex setzt sofort ein.

Sie will wegrollen! Aber wohin?

Und die Bremsen sind ja auch festgestellt!

Sie wird gepackt und auf die Bahre geschnallt.

Das Geschrei der Alten!

«Nein! Oh, Gott! Nein! Nein! Nein!»

Sie wird – mit den Beinen voraus – aus dem Zimmer getragen. Doch sie erwischt den Türrahmen und klammert sich mit aller Kraft daran fest. Da jeder der Sanitäter ein Ende der Bahre hält, können sie die Finger der Frau nicht lösen. Und gewaltsam durch die Tür schieben können sie die Alte auch nicht. Sie würden ihr womöglich noch was brechen. Aber das sind Männer fürs Grobe und Profis obendrein. Sie verständigen sich mit Blikken. Sie setzen die Bahre ab. Ein jeder nimmt eine Hand der Großmutter.

Widerstand ist zwecklos.

Sie schreit immer noch, schon heiser jetzt:

«Nein! Nein! Nein! Nein! Oh, Gott! Nein!»

Gott sei Dank weint sie nicht, das fände ich noch viel schlimmer.

Es geht den Kreuzweg Christi hinab.

«Oh, Gott! Nein! Nein! Nein!»

Die Tochter läßt sich nicht blicken. Wahrscheinlich hat sie sich im Badezimmer versteckt, um ihrer Mutter nicht unter die Augen treten zu müssen.

«Oh, nein! Nein! Nein!»

Jetzt kommt die Haustür. Wieder klammert sie sich am Türrahmen fest. Doch dieses Mal eilt Zerberus hinzu und löst ihr die Finger. Zerberus grinst dabei.

Ich schwöre Dir: Ich hörte die Fingernägel der Alten über das Holz der Tür kratzen!

Dann ist sie draußen!

«Nein! Nein! Nein! Nein!»

Die Gegend, in der das Gotteshaus steht, ist so diskret, daß das Geschrei der alten Frau keinerlei Aufsehen erregt. Es geht schlicht und einfach unter, wie durch ein Kissen erstickt.

Da ist der Notarztwagen, der als Krankentransporter dient.

«Nein! Nein! Oh, Gott! Gott! Nein!»

Die Wagentür knallt zu.

Jetzt herrscht wieder Ruhe.

Die Räder knirschen beim Anfahren im Kies.

Ich habe nie wieder etwas von dieser Frau gehört.

Wir sind nun auch eine andere Patientin los, zumindest für ein Weilchen.

Es ist eine Frau Ende Siebzig. Ein Koloß von einem Weib! Jeden Morgen standen wir zur selben Zeit vor einer enorm massiven Eichenholztür und klingelten uns die Finger wund, bis sie endlich aufmachte.

Zerberus schimpfte immer: «Seit einem Jahr weiß die ganz genau, wann ich komme. Aber meinen Sie, die würde sich aufraffen und die Tür schon vorher öffnen?»

Wenn wir klingelten, dann wuchtete sie sich erst einmal aus dem Bett.

Dann stützte sie ihre Pfunde auf zwei Krücken und kroch schnaufend und stöhnend zur Tür.

Und manchmal, wenn sie nach einer Ewigkeit die Tür erreicht hatte, bemerkte sie, daß sie den Schlüssel in ihrem Schlafzimmer vergessen hatte.

Dann mußte sie noch einmal zurück – und wir froren mit den Füßen am Boden fest oder wurden klatschnaß vom Regen.

Manchmal wurde es Zerberus zu bunt. Dann schrie sie einfach durch die Tür:
«Wir können jetzt nicht mehr länger warten! Wir machen zuerst einen anderen Patienten und kommen dann zurück! Vielleicht schaffen Sie es ja bis dahin, die Tür aufzumachen. Mit dem Baden wird es heute freilich nichts mehr! Dafür ist es schon zu spät!»

Und eines Tages, da war es dann soweit.
Wieder klingelten wir Sturm, und wieder dauerte es eine Ewigkeit, bis wir die Frau über ihren Flur stöhnen hörten.
Zerberus grölte: «Jetzt machen Sie aber mal! Warum dauert das denn jeden Morgen so lange?»
Von drinnen vernahmen wir ein angestrengtes: «Ja! Ich eile! Ich komme schon!»
Und dann hörten wir den Aufprall.
Dann einen kurzen Schrei.
Ich weiß nicht, warum sie fiel. Entweder zerbrachen die Krücken unter der Last ihres Fleisches, oder sie wurde, von Zerberus gehetzt, zu hastig und unkonzentriert und stolperte über ihre eigenen Beine. Zerberus schüttelte den Kopf: «Das darf nicht wahr sein!»
Jetzt würde es noch länger dauern als sonst!
«Gehen Sie zu meinem Nachbarn, der hat einen Schlüssel!» rief die Frau unter Schmerzen. Gesagt, getan.
Wir rannten zum Nachbarn und fragten nach dem Schlüssel. Der Nachbar kam gleich selber mit.
Aber die Tür ließ sich nicht öffnen. An jenem Tag hatte die Frau doch tatsächlich an ihren Schlüssel gedacht – und ihn von innen ins Schloß hineingesteckt!
Sie schrie jetzt nicht mehr, sondern wimmerte nur noch.
Der Nachbar stocherte mit einem Stück Draht im Schloß herum, um den Schlüssel hinauszustoßen. Vergeblich. Zerberus telefonierte inzwischen mit dem Notarzt. Hinterher schritt sie zur Tat.
«Wir werden eine Scheibe einschlagen!» verfügte sie. Und so geschah es.

Wir fanden die Frau etwa zwei Meter von der Tür entfernt. Fast hätte sie es geschafft. Aber eben nur fast.

Man sah nur ein Nachthemd, so groß wie ein Zelt, ausgebeult von Fett wie ein Preßsack. Irgendwo aus diesem fleischigen Bündel stand ein grotesk verdrehtes Bein hervor.

Ich dachte: ‹Ohne Kran kriegen wir die nie hoch!›

Aber ich schaffte es und übergab den Preßsack an Zerberus.

Das Gebiß war ihr aus dem Mund gefallen, und ich mußte es suchen. Ich fand es auch – indem ich drauftrat!

Es knackste wie ein Hühnchenknochen, den man bricht. Im übrigen war das Gebiß aus dem Mund der Patientin die Dielen entlang gegen die Tür gerutscht, dort abgeprallt und bis zurück zum Schlafzimmer geschlittert. Ich faßte es mit den Fingern an.

Zerberus sagte: «Igitt!»

Es ist seltsam. Sie ekelt sich ja vor nichts und niemandem mehr nach all den Jahren in der Altenpflege. Aber ein Gebiß! Ein Gebiß ist das einzige, was sie nie und nimmer ohne Handschuhe anfassen würde.

Jetzt liegt die Frau im Krankenhaus. Es ist ein Oberschenkelhalsbruch, der genagelt werden mußte. Das Übliche.

Zerberus hat sie besucht. Allerdings nur fünf Minuten lang. Es seien ja genügend andere Leute bei ihr gewesen. Die Narkose habe sie sehr gut verkraftet.

Zerberus meinte: «Kurz nach der Narkose geht es den meisten Alten sogar besser als vorher.»

Ich stutzte, und Zerberus erklärte mir das: «Wissen Sie, die Narkose putzt das Gehirn so richtig durch.» Diese Generalreinigung hält natürlich nicht lange vor. Bei fast allen unseren Extremfällen ging eine Narkose der absoluten Umnachtung voraus.

Na ja, und Zerberus, die ist sauer.

Denn in Zukunft wird es sehr, sehr lange dauern, bis die Patientin ihre Pfunde und ihren genagelten Oberschenkelhals auf Krücken zur Tür geschleppt hat.

Ich hatte die Ehre, den Vereinsvorsitzenden näher kennenzulernen, einen Chirurgen im Ruhestand.
Mein Vorgänger überließ mir nämlich zwei kaputte Waschmaschinen auf dem Speicher der Dienstwohnung. Das störte mich herzlich wenig, aber der Vorsitzende fand, Ordnung müsse sein.

Nun, eines Tages klingelte mein Telefon, und der Vorsitzende war dran.
«Wir bringen die Waschmaschinen zum Wertstoffhof», sagte er.
«Kein Problem», antwortete ich.
Darauf er: «Ja, aber wir bringen erst mal nur eine hin. Mit der anderen warten wir drei oder vier Wochen.»
«Wieso?»
Er kicherte aus unerfindlichen Gründen: «Das ist Taktik!»
Es gibt ja Leute, die stellen ihren Sperrmüll – und sogar ihre Mülltonnen – nur nachts vor ihre Tür. Es gibt auch Leute, die können keinen Sex miteinander haben, wenn der Abwasch noch nicht erledigt ist. Und dann gibt es anscheinend sogar Leute, die werfen ihre Waschmaschinen nur einzeln weg. Ich glaube, ein rationaler Grund existiert dafür nicht. Früher konnte ich darüber lachen, heute macht es mich nur noch aggressiv.

Er kommt also bei mir angefahren, in so einer Familienkutsche aus den Siebzigern. Und ich schwöre Dir: Hinten auf der Ablage steht eine gestrickte Pudelmütze, unter der sich eine Klopapierrolle verbirgt! Und noch was: Der Vorsitzende trägt einen Cordhut! Ein Hutfahrer mit gestrickter Klopapier-Pudelmütze auf der Ablage. Einer der sich nicht traut, zwei Waschmaschinen auf einmal auf den Müll zu werfen.
Wir fahren zur Müllkippe, die sie «Wertstoffhof» nennen. Unterwegs trumpft er auf: «Wer da was abgeben will, der muß einen Berechtigungsausweis vorzeigen. Sie besitzen natürlich keinen – den kriegen nämlich nur Einheimische!»
‹Herzlichen Glückwunsch›, denke ich mir.
Auf der Müllkippe aber zeigt er seinen Ausweis gar nicht vor,

sondern schleimt sich bei einem der Arbeiter ein: «Sie kennen mich ja, oder?»

Wir werfen diese Waschmaschine auf einen Schrotthaufen. Und wie raffiniert sich der Herr Vorsitzende dabei vorkommt! Als sei es nicht so wurscht, wie wenn in China ein Sack Reis umfällt, ob wir eine, zwei oder zwanzig Waschmaschinen wegwerfen!

Aber das ist ja noch längst nicht alles!

Von einem der stinkenden Abfallhaufen klaubt er doch tatsächlich ein paar versiffte Plastiktüten auf!

«Die nehme ich immer als Müllbeutel», freut er sich über seine Beute.

Und dann kommt die Story von seinen Untermietern.

Die kaufen sich nämlich ihre Müllbeutel.

«Stellen Sie sich das mal vor!»

Er lacht wie von Sinnen über diese Dummheit.

Was glaubst Du wohl, wie er herausgefunden hat, welche Tüten seine Untermieter als Müllbeutel benutzen beziehungsweise nicht benutzen? Kannst Du Dir vorstellen, daß ein erwachsener Mann im Abfall seiner Untermieter wühlt, nur um zu beweisen, wie verschwenderisch sie sind?

Oh, dieses seltsame Gefühl hinter der Stirn, dieses Kribbeln genau zwischen den Augen. Dieses Gefühl, das sich auch einstellt, wenn man zuviel fettige Wurst gegessen hat.

Ach, ich vermisse Dich!

Es sind nur noch Alte, Halbtote und Irre um mich herum!

_____ **G**estern gab es Ärger mit Zerberus!
Eigentlich fing das Theater schon an, als sie mich morgens ab-
holte. Ihre Mundwinkel waren wie immer nach unten gezogen –
wie kurz vor einem Wutausbruch.
Vielleicht ist das eine Berufskrankheit. Jedenfalls als ich dieses
übellaunige Gesicht sah, verflog mir sofort alle Lebensfreude.
«Hallo», nuschelte ich mutlos, als ich in ihren Wagen stieg.
«Gu-ten Mor-gen», betonte sie ganz bewußt streng jede Silbe
einzeln, um bloß keine kollegiale Atmosphäre aufkommen zu
lassen. Sie sagt ja auch nie «Tschüs!» so wie ich, sondern immer
«Auf Wie-der-se-hen», immer so betont und auf Distanz.
Mir reichte es schon wieder.

Schweigsam fuhren wir zu unserem ersten Patienten.
Wir stiegen aus, und ich wollte gleich über die Straße sprin-
gen.
«Halt!» rief sie.
«Da drüben ist eine Fußgängerampel!»
Ich schüttelte den Kopf: «Aber es ist doch gar kein Verkehr.»
«Das ist egal. Den Kindern ein Vorbild!» belehrte sie mich.
Ich versuchte nicht mehr, den drohenden Streit abzuwenden.
Später kam es vollends zum Eklat.
Ich wusch den Patienten.
Zerberus befahl: «Die Füße auch!»
Ich lachte spöttisch: «Die Füße oder die Beine? Wissen Sie, dort
wo ich herkomme, im Schwäbischen, macht man zwischen bei-
dem keinen Unterschied in der Sprache.»

Zerberus lachte nicht, sondern knurrte: «Wenn ich sage Füße, dann meine ich von den Zehen bis hinauf zu den Oberschenkeln. Wir sind schließlich in Bayern. Und Ihr Schwabenland gehört ja fast noch zu uns.»

Mir zuckten die Mundwinkel, als ich heftiger als gewollt sagte: «Oder Bayern gehört noch zu Baden-Württemberg, je nachdem, wie man es sieht!»

Zerberus machte einen Schritt auf mich zu.

Da ich schon in der Hocke vor den Füßen – oder Beinen – des Patienten saß, kippte ich aus Reflex nach hinten weg und fiel auf den Rücken. Ich hoffte noch im Bruchteil einer Sekunde, daß keine Scheiße auf dem Teppich klebte.

Zerberus beugte sich mordlüstern über mich. Dann schrie sie, jede einzelne Silbe betonend, eiskalt und langsam: «Nein, auf gar keinen Fall, mein Herr! Wenn, dann gehört Baden-Württemberg zu Bayern, daß das klar ist!»

Wir sprachen den ganzen Tag über kein Wort mehr miteinander.

Neuerdings pflege ich einen Mann, dessen Gehirn sich auflöst.

Sein Bett steht im Wohnzimmer.

Seine Frau hat es vor ein riesiges Panoramafenster geschoben. Es bietet einen Blick auf den winzigen Garten und auf Schienen, auf denen im Zwanzigminutentakt die S-Bahn als orangefarbener Schock vorbeidonnert.

Unter dem Kopfkissen liegt ein gelbstichiger zerknitterter Stofffetzen, den ich nur mit Handschuh anfasse. Ein Bluttuch, wie die Frau erklärt.

Es stammt aus einem Wallfahrtsort und ist so was ähnliches wie das Linnen, mit dem Maria Magdalena Jesus die schweißnasse Stirn trocknete, kurz bevor er ans Kreuz geschlagen wurde. Er soll heilen, dieser Fetzen. Die Frau erhielt das Tuch aus den Händen ihrer Mutter. Die bekam es von ihrer Mutter und jene bekam es von ihrer Mutter. So lagen bereits vier Generationen kranker Menschen auf diesem wunderbaren Stoff, in den der Gilb gefahren ist, irgendwann zwischen der ersten und zweiten Generation.

Die Frau muß an solche Dinge glauben, um nicht vollends verrückt zu werden. Die Tranquilizer, die sie schluckt, helfen ja nichts mehr.

Der Mann ist erst fünfundvierzig, das macht den Fall besonders tragisch. Zu Lebzeiten war er Philharmoniker und reiste quer über den Globus. Zerberus schlägt die Decke zurück.

Da liegt er: die Augen geschlossen, wimmernd und quengelnd wie ein kleines Kind, die Hände um ein Bauklötzchen gekrampft. Sprechen kann er nicht. Ab und zu hustet er Brocken von Schleim aus.

Neben ihm liegt ein weißer Seehund aus Plüsch. Wenn wir ihm den wegnehmen wollen, schreit er so etwas ähnliches wie «Maaaaaa-maaaaaa-maaaaa!» und krallt sich daran fest. Der Greifreflex kommt wahrscheinlich von seinen Angstzuständen. Er muß sich einfach immer irgendwo festhalten.

Er besitzt aufgrund seiner jungen Jahre noch sehr viel Kraft, und er ist unglaublich schwer. Die Medikamente haben ihn aufgeschwemmt – und haarig gemacht! Er, der früher am ganzen Körper glatt war wie ein Babypopo, ist jetzt befellt wie ein Wolfsmensch.

Wir waschen ihn im Bett.

Sein von Ekzemen und Pilzen überwucherter Penis steckt in einer Plastikflasche, die ständig voller dunklem Urin ist. Außerdem kleben weißliche, klebrige Ablagerungen dran, die selbst das giftigste Reinigungsmittel nicht mehr schafft.

Ich leere die Flasche aus. Sie ist ganz warm. Ich halte die Luft an.

Während wir ihn waschen, macht der Mann seine Augen nicht auf und brabbelt weiter vor sich hin. Die Eichel seines Penis hat über Nacht frische, gelbliche Flecken bekommen. Seine Frau meint, es sei ein neuer Pilz. Zerberus nickt und schmiert Salbe drauf und sagt mir nachher, als wir wieder allein sind: «Er greift sich da immer hin.»

Der Mann erlitt offenbar zusätzlich zu seinem Hirnschwund noch einen Schlaganfall. Aber im Grunde genommen weiß kein Mensch, was das für eine seltsame Krankheit sein soll, an der er siecht. Wir sagen Alzheimer dazu, damit wir unserer Abscheu einen Namen geben können. Zu Alzheimer und Schlaganfall kam das Wasser im Knie. Dann kamen die Ekzeme und dann die Pilze. Gegangen sind derweil sämtliche Freunde und Bekannte der Familie. In diesem Haus gibt es schließlich nichts mehr zu lachen.

Es ist ein Reihenhaus. Man wohnt Tür an Tür, eingekeilt zwischen seinen Nachbarn. Die Nachbarn lassen ihre Hecken höher wachsen, damit sie die wahnsinnigen, unkontrollierten Schreie des Mannes nicht länger mitanhören müssen. Und einmal, als Zerberus und ich aus dem Haus traten, konnten wir beobachten, wie eine Frau ihr Fahrrad mit einer Zahnbürste putzte. Sie trug Samthandschuhe dabei.

Die Frau unseres Patienten dagegen kann sich nie länger als fünf Minuten vom Bett ihres Mannes entfernen, weil er sonst vor Angst einen Krampfanfall bekommen könnte. Wenn wir in seiner Gegenwart davon sprechen, schreit er wie am Spieß und gibt unartikulierte Laute von sich. Dabei rinnt ihm in gelblichen Fäden Speichel aus dem Mund, und er läuft knallrot an.

Hinter seinen zugekniffenen Augen scheint er Horrortrips zu erleben, was Zerberus auf die starken Medikamente zurückführt.

Er schlägt um sich, brummt und verzieht das Gesicht zu erschrockenen Grimassen. Deshalb hat seine Frau all die glänzenden Oberflächen der Lampen und Schränke im Wohnzimmer mit Handtüchern umwickelt. Sie denkt, die Reflexionen könnten seiner Angst Vorschub leisten.

Das kannst Du Dir nicht vorstellen.

Das kannst Du Dir einfach nicht vorstellen.

Wenn ihn die Frau füttert, dann muß sie immer einen grünen Pullover anziehen. Sonst erkennt er sie nicht und preßt den Mund so fest zu wie bei einer Leichenstarre. Und singen muß die Frau! Und zwar: «Ein Männlein steht im Walde.»

Ich lachte bitter, als sie mir das sagte.

«Nein, jetzt erzählen Sie mir aber einen Schmarrn!»

Sie mußte selber freudlos lächeln und erwiderte: «Nein, das ist kein Witz. ‹Ein Männlein steht im Walde.› Er war ja Musiker und hört ganz genau hin, ob ich richtig singe. Dadurch entkrampft er sich und ißt.»

Wenn er ißt, dann ißt er ein Löffelchen Brei in zehn Minuten. Dabei muß seine Frau so tun, als füttere sie auch das Muster der Tapete. In der Tapete sieht er irgendwelche verbündeten Gestalten – so interpretiert es jedenfalls die Frau. Es ist ihr auch egal, warum sie die Tapete füttern muß. Sie muß es eben tun, um ihren Mann essend zu machen. Und sie ist stolz darauf, diese Tricks im Laufe der Jahre herausgefunden zu haben.

Die Frau ist noch so jung, sie könnte meine Mutter sein. Sie kann sich nicht abfinden – wie denn auch? Und anscheinend befürchtet sie, selber dem Verfall der Hirnzellen ausgesetzt zu sein. Sie hat Angst, den Verstand zu verlieren. Durch diese Angst verliert sie den Verstand tatsächlich. Die Frau ist manisch-depressiv geworden über den Verlust ihres Ehemannes, über die Mutation eines sportlichen, musikalischen Gatten zum befellten, schreienden Riesenbaby mit Pilzen auf dem Penis. Der Psychiater macht Hausbesuche bei ihr.

Zerberus meint: «Bei dem wird es noch lange dauern.» Bis er stirbt.

Manchmal sitzt die Frau nachts neben dem Krankenbett und schreit ihren Mann an: «Jetzt hör doch mal auf zu brummen! Ich brauche den Schlaf! Ich kann nicht mehr!»

Aber meistens weint sie und fragt sich, was sie verbrochen haben könnte, um all das zu verdienen. In solchen Nächten wünscht sie sich, ihr Mann stürbe. Dann weint sie noch heftiger, weil sie sich für solche Gedanken schämt.

Sie erzählte mir, daß sie oft die Vögel beobachtet. Sie sagte: «Halten Sie mich bitte nicht für verrückt, aber ich spreche mit ihnen. Ich rufe ihnen zu: ‹Nehmt mich mit! Führt mich in die Freiheit!›»

Ihre Stimme belegte sich, wie kurz vor einem Tränenausbruch. Dann fing sie sich aber wieder und fuhr fort: «Ja, so ist das, wenn man lebenslänglich eingesperrt ist!»

◆◆◆

Da gibt es noch einen anderen Patienten, der partout nicht sterben will. Sein Grundstück besitzt eine etwa fünfzig Meter lange Auffahrt, die links und rechts von archaischen Tannenbeständen gesäumt ist. Im Haus steigen wir Marmortreppen empor. An den Wänden hängen schlechte Ölgemälde, die einen bebrillten grauhaarigen Mann zeigen, der dem Besucher freundlich zulächelt. Wir gehen an einem Piano vorbei und versinken bis zu den Knöcheln in einem Teppich. Wir ducken uns unter Kronleuchtern hindurch und öffnen Flügeltüren mit Messingbeschlägen.

In einem Gästezimmer liegt er – und wartet auf den letzten Gast, den ein Mensch empfangen kann.

Neben ihm steht eine Kirschholzkommode, die sich unter der Last unzähliger Verbandspäckchen, Tuben, Tiegeln und Sprays durchbiegt. Auch hier sind die Wände mit Ölbildern geschmückt, diesmal jedoch nicht den Mann zeigend. Es sind Landschaften, die in bunten, kräftigen Farben das ins Zimmer holen, was der Mann nie mehr sehen, nie mehr riechen und nie mehr begehen wird.

Die Frau des Patienten ist achtzig Jahre alt, rasiert sich aber immer noch die Augenbrauen ab und zieht sie mit einem Kajalstift nach.

Sie ist herzkrank. Seit Jahren ist sie daran gewöhnt zu flüstern. Durch dieses leise Getue hast du ständig den Eindruck, dich in einem Haus zu befinden, in dem sich etwas Unaussprechliches zuträgt.

Über den Reglosen hinweg erzählt sie mir seine Geschichte.

Kaufmann war er, fast zwei Meter groß, zwei Zentner schwer und bärenstark und Quartalssäufer. Geraucht hat er wie ein Schlot. Man fuhr auf ein Familienfest. Dort wurde getrunken, geredet und viel gelacht. Alle waren unbeschwert und heiter. Nur einer nicht, der saß tief schweigend in der Ecke und starrte in sein Glas. Das Fest tobte um ihn herum wie ein Karussell.

Gläserklirren, Gelächter, Geplauder und weiße Zahnreihen und gelockerte Krawatten und gläserne Augen hinter Zigarettenqualm.

Plötzlich springt er auf.

Als wolle er das Karussell stoppen.

Er schlägt mit der Faust auf den Tisch und schreit: «Ihr seid ja alle Lügner!»

Man bringt ihn nach Hause. Bald wird es schlimmer. Seine Frau muß ihm die Treppen hochhelfen, muß ihn anziehen und waschen.

Eines Nachts röchelt er, öffnet den Mund und speit eine Fontäne Blut über sich und über das Bett und über seine Frau. Eine erschreckende Menge.

Ein Blutbad.

Das war vor anderthalb Jahren. Seitdem liegt er da – steif wie eine Schaufensterpuppe, hilflos wie ein Maikäfer, der auf den Rücken gefallen ist. Er hat Glück: Seine Haut ist immer noch sehr geschmeidig. Das ist seine Veranlagung. Andernfalls wäre er inzwischen so wund wie ein Tartarbrötchen.

Ich gehe recht gerne zu ihm hin, weil man ihn behandeln kann wie einen Gegenstand. Es sind immer die gleichen Handgriffe. Und er kann sich ja nicht wehren oder sich beschweren.

Er liegt in einem Gitterbett. Seine Beine ruhen auf mehreren Kissen, damit die Ballen seiner Füße nicht am Laken scheuern. Er hat einen Katheter. Und eine Sonde im Magen, die durch einen Schlauch mit einem Plastikbehälter verbunden ist. Da hinein leert man die flüssige Nahrung. Man drückt einen Knopf, eine Pumpe setzt sich in Bewegung. Fertig! Nur waschen muß man halt noch.

Seine Windeln sind morgens und abends voll mit beachtlich üppigem, teerschwarzem Stuhl. Die Farbe kommt von inneren Blutungen.

Der Mann ist abgemagert bis auf die Knochen. Sein Mund ist zu klein geworden für das Gebiß. Das einzige, was er artikulieren kann, ist eine Art Mümmeln und ein Stöhnen. Er atmet ganz flach und unregelmäßig. Er hört nichts, und er sieht nichts mehr durch seine Augen, die in ihren Höhlen zu einem weißlichen Haferschleim zerlaufen sind.

Die Frau ist immer sehr herzlich, wenn wir kommen. Sie geht ja nicht mehr aus dem Haus und hat außer uns keine Gesellschaft. Aber bald wird ihr Sohn einziehen. Ab und zu höre ich schon den Bohrer aus den oberen Stockwerken.

Generationswechsel.

Die Frau sagt: «Wissen Sie, da freut man sich auf den gemeinsamen Lebensabend mit seinem Mann – und dann so was. Ich habe mir das anders vorgestellt, das können Sie mir glauben!»

Von Zeit zu Zeit spuckt der Mann. Ein trockenes Spucken, bei dem nichts den Mund verläßt. Wie wenn du einen Krümel von deinen Lippen wegblasen möchtest. Er kann dies stundenlang tun.

Von Zeit zu Zeit möchte er uns offensichtlich etwas mitteilen. Er macht: «Oioioioioioi–oioi–oioioioi–oioioioioioioi.»

Die Frau guckt mich dann nur achselzuckend an und zieht die Kajalstriche hoch. Sie beugt sich zu ihrem Mann hinunter, hält ihm die verkrampfte Hand und kramt Koseworte hervor: «Hallo, Bärchen! Was ist denn, hm? Was willst du uns sagen?»

Und manchmal droht sie ihm neckisch: «Du, Bärchen! Wenn du jetzt nicht still bist, dann muß ich dir den Mund stopfen.»

Sein Mund ist ein winziges, konzentrisch von Falten umgebenes, stets mit einer undefinierbaren Kruste verklebtes Loch, das mich an einen After erinnert. Da hinein gibt sie ihm Zungenküsse, um ihn zum Schweigen zu bringen! Ich drehe mich dabei verschämt zur Seite.

Einmal verstanden wir sogar ein Wort, das sich diesem verkrusteten Loch entwinden konnte! Wieder spuckte er und sagte «Oioioioioi», worauf sich seine Frau zu ihm hinunterbeugte.

Sie fragte: «Bärchen! Hallo, Bärchen! Hörst du mich? Liegst du auch schön bequem?»

Der Mann spuckte, spuckte, antwortete: «Oioioi-Scheiße!-Scheiße!-Oioioi» und verstummte wieder für mehrere Wochen.

Ich schaute die Frau an. Und ich schwöre Dir: In ihrem Blick lag der Stolz einer Mutter, deren Säugling gerade ein Bäuerchen gemacht hat.

Zweimal in der Woche rasieren wir den Mann. Anschließend benutzen wir ein After-shave. Vor kurzem sah ich den Werbespot für dieses Zeug im Fernsehen. Der Slogan lautete:

«Forever fresh – forever young».

«Für immer frisch – für immer jung».

Ist doch bizarr? Oder?

Forever young: Die Medizin hat die Lebenserwartung verlängert. Doch es sind keine allzu großen Erwartungen, die man an so ein verlängertes Leben stellen kann. Denn man wird krank an diesem langen Leben, stinkig, offen und eitrig.

In den Kliniken ist der Tod ein Betriebsunfall. Und schon jetzt gibt es keine Pflegeplätze mehr. Nicht alle Menschen konnten vor ihrer Krankheit pianieren, knöcheltief in Teppichböden versinken und ihre Räume mit Kronleuchtern erhellen. Die meisten vegetieren mit einer knappen Rente dahin. Da haben sie nicht einmal Heizungen, nicht einmal fließendes warmes Wasser! Sie bekommen Medikamente und Katheter und Sonden und vergehen erst, nachdem sie sich selber viel zu lange überlebt haben.

Forever fresh – forever young: Die frischgefönte Geschwätzigkeit einer Yuppie-Kneipe, und ich mittendrin. Irgendwann fragt mich einer: «Und was machst du so?»

Ich sage es ihm.

Er schaut mich an und grinst: «Ach so.»

Mehr fällt ihm dazu nicht ein.

Der Tag wird kommen, an dem er mit seinen «in»-und-«out»-Kategorien die Welt nicht mehr beschreiben kann. Nämlich dann, wenn seine Welt nur noch aus einer Matratze besteht, durchtränkt von Schweiß und Tränen und der jämmerlichen Angst vor dem Tod. Dann wird er kein «Ach so!» mehr über die Lippen bringen.

——————— **S**ie ordneten mich zu einem Lehrgang ab. Da wurde mir klar, daß auch ich nicht frei bin von Vorurteilen gegenüber meinem eigenen Stand. Zivildienstleistende, das waren ja selbst in meinen Augen meistens Ökotypen, die so dermaßen tolerant sind. So tolerant, daß ihre Toleranz schon aufhört, wenn du ihre Uniform verschmähst. Wehe, wenn eine Frau im Minirock rumläuft. Wehe, wenn ich mit kurzen Haaren daherkomme und keine Rockmusik mag.

Nein, mit solchen Typen zwei Wochen lang in einer Jugendherberge zusammengepfercht zu werden, das war für mich eine einzige Katastrophe.

Aber was passiert?

Ich treffe das andere Extrem. Wenn ich es nicht mit eigenen Ohren im Seminarraum gehört hätte: «Die Todesstrafe muß wieder her! Die Mörder sitzen im Gefängnis wie im Luxushotel, haben Fernsehen und jeden Tag Essen. Denen geht's doch viel zu gut», meinte einer.

«Was heißt hier Todesstrafe? Du spinnst wohl!» sagte ein anderer. Und fuhr fort: «Dann hätten sie es ja gleich hinter sich! Das wäre doch für die noch eine Erlösung. Man sollte den Verbrechern die Hand abschlagen oder so was, dann könnten sie ihr Leben lang darüber nachdenken, was sie getan haben!»

Unser Dozent konnte seine Enttäuschung nicht verbergen. «Ich mache diesen Job jetzt schon seit zwanzig Jahren. Und es wird jedes Jahr schlimmer mit euch», sagte er völlig verbittert.

Klar, der kommt noch aus einer anderen Generation.

Wenn der erzählte von seiner eigenen Verweigerung, dann stand für uns heutige Jugend eine Märchenstunde auf dem Programm! Gerichtsverhandlungen und Knast mußte der noch über sich ergehen lassen, um seine Einstellung zu vertreten.

Viele der Lehrgangsteilnehmer hörten die Geschichte des Zivildienstes zum erstenmal. Sie erfuhren, daß es ohne alte Friedenskämpfer wie unseren Dozenten heute noch keine Alternative zur Armee gäbe. Aber sie bissen lieber gelangweilt in ihre Wurstsemmeln, als dem Typen zuzuhören.

Der Dozent zeigte uns Filme vom Drill bei der Bundeswehr, von den Greueln des Koreakriegs und vom Schleifen der Rekrutinnen in den USA. In einem dieser Filme brüllt der Sergeant einer schwarzen Soldatin ins Ohr: «Ich hoffe, Sie lassen sich sterilisieren, damit der Nachwelt ein weiterer Abschaum, wie Sie einer sind, erspart bleibt! Mein Gott, wenn ich daran denke, wie viele tapfere Männer und Frauen bereits voller Stolz in dieser Uniform gestorben sind, die Sie nun besudeln, dann könnte ich Sie ohrfeigen!»

Unser Dozent konnte es nicht fassen, daß wir die Armee nach diesen Filmen immer noch als notwendiges Übel, als allerletztes Mittel zur Austragung von politischen Konflikten akzeptierten.

Dann wurde er wütend: «Die Regierung bereitet die Abschaffung der Wehrpflicht vor! Die wollen eine Berufsarmee! In Ordnung. Aber die bereiten parallel natürlich auch die Abschaffung des Zivildienstes vor. Ihr seid die letzten Zivis dieser Republik! Und Ihr habt keinen Bock! Lernt endlich, Verantwortung zu tragen!»

Er übertrieb. Aber es ist schon was dran an seinen Theorien. Immer wieder werden Meldungen gestreut, von ganz oben, von Sozialpolitikern sogar, daß auf uns verzichtet werden könnte. Wir sind Knoten im sozialen Netz, und die erzählen der Öffentlichkeit, wir seien wegzudenken.

Habe ich Dir schon geschrieben, daß mein Vorgänger beim Pflegeverein seinen ursprünglich erlernten Beruf – irgend etwas Kaufmännisches – nach seinem Zivildienst an den Nagel hängte, um sich im Krankenhaus zu einem richtigen Pfleger ausbilden zu lassen?

Ich glaube nicht, daß mir das passieren könnte. Aber beachtlich finde ich es schon.

Mein Vorgänger muß wohl auch eine Veränderung durchgemacht haben.

Okay, ich gestehe, daß ich mir inzwischen viel mehr Gedanken über meine Tätigkeit mache als am Anfang. Es tut mir, ehrlich gesagt, ganz gut, Ärsche zu wischen. Nein, ich möchte das auch gar nicht so vulgär herunterputzen. Ich meine, es tut mir gut, alte Menschen zu pflegen. Das wird einem mit der Zeit bewußt. Man nimmt sich nicht mehr so wichtig. Man wird so – relativ.

Wir dürfen nicht nur von den ekligen Körperöffnungen sprechen, sondern wir müssen auch von den Persönlichkeiten reden. Das höchste, was man den alten Menschen entgegenbringen kann, ist Achtung. Wir Jungen springen hinaus und fragen: «Was kostet die Welt?» Ich sage Dir, die Alten haben erfahren, was die Welt kostet, denn sie haben schon bezahlt – mit ihrem Leben!

Und jetzt lassen wir sie siechen und zählen ihre letzten Tage. Das heißt, was wir Tag nennen, ist für die Alten in Wahrheit: eine Nacht und ein paar Stunden Dunkelheit, bevor der Morgen kommt mit dem zweimal Klingeln.

Die alten Menschen gehen uns doch nur voraus. Bei uns kommt auch jene Stunde mit dem Blut im Hals. Ich sehe doch, was bleibt, am Ende.

Aber vielleicht kann zuletzt auch noch mehr dasein als bloß eine offene Wunde.

Ich meine: Altern und Kränkeln und Sterben, das spielt sich nunmal nicht ab in der Öffentlichkeit. Wer weiß denn schon, wie das ist?

Die Welt der Krankheit und des Todes ist wie eine andere Welt, eine Schattenwelt hinter der sichtbaren, bunten, vom Habenhabenhaben geprägten Welt. Diese Schattenwelt ist völlig normal, allen Tabuisierungen zum Trotz.

Ich beginne, das Leben als harmonischen Kreislauf zu begreifen. Ich akzeptiere das Leben immer mehr als natürlichen Prozeß des Werdens und Vergehens. Und vor diesem Hintergrund verblassen so viele unnütze Dinge.

Der Tod: Zum Schluß gibt der Körper seine Funktionen auf. Es ist ein biologischer Vorgang, begleitet von mehr oder weniger unappetitlichen Erscheinungen. Es muß nicht sein, daß ein Mensch im Alter krank wird. Die Wahrscheinlichkeit aber ist ziemlich groß. Dann kommen wir Altenpfleger und lindern diese Begleiterscheinungen. Wir tragen unseren kleinen Teil dazu bei, daß der Tod in Würde eintritt. Mag es nur der Trost aus der Apotheke sein, der die Menschen im Innersten zusammenhält. Aber immer noch sind wir Menschen.
Müßte ich den Begriff Tod mit einer Zeichnung darstellen, würde ich ein DIN-A4-Blatt ganz schwarz ausmalen und mit weißer Farbe bescheiden in eine Ecke schreiben: Tod.
Das ist alles. Der Tod halt.
Man stirbt. Aus.
Ich kann nichts Pathetisches und nichts Göttliches daran finden, auch nichts, gegen das man sich auflehnen müßte. Ich beginne, den Tod zu akzeptieren.

Und der Ekel: Ich weiß jetzt, wie ich ihn niederkämpfen kann. Mit der Sympathie für die alten Leute. Mit dem offenen Ohr für ihre Geschichten. Ihre Geschichten, die niemand mehr hören mag. Ich muß mir nur vorstellen, daß wir selber einmal so alt und stinkig und eklig sein könnten.
Wir zwei Hübschen!

Wir zwei Hübschen.
Ich schreibe Dir, weil ich mir dabei vorstellen kann, Du wärst

bei mir. Ich stelle mir vor, Du säßest neben mir, und wir könnten uns richtig unterhalten.
Ich vermisse Dich.

Doch bald halte ich Dich wieder in meinen Armen! Das Flugtikket steckt schon in meiner Tasche! Fünf Monate sind wir nun schon voneinander getrennt. Ich meine, verglichen mit achtzig oder neunzig Lebensjahren ist es nichts. Für mich aber ist es eine Ewigkeit! Zum Glück können wir es uns noch erlauben, in solch winzigen Ewigkeiten zu denken!

Bis nächste Woche!

II.

Was soll ich jetzt schreiben? Ich habe es satt, nur Worte zu machen. Ich wußte ja gar nicht mehr, wie sehr man leben kann. Ich will Dich umarmen, festhalten, küssen, ich will mit Dir schlafen! Ich will Dich haben, so richtig, körperlich, aus dem Bauch heraus – nicht nur aus dem Kopf. Es scheint jetzt auch alles andere so nebensächlich zu sein.
Dieser Abschied!
Ich darf gar nicht daran denken...

Charles de Gaulle mit seinen gläsernen Tunneln, durch die der Reisende auf Rollbändern zu den Warteräumen transportiert wird! Ich küsse Dich ein letztes Mal, mache einen Schritt rückwärts – und schon werde ich von Dir weggezogen. Ganz langsam.
Du winkst. Trocknest Dir die Tränen.
Plötzlich sehe ich Dich verschwommen. Eine Frau überholt mich. Sie schaut mich an, nicht gerührt, sondern fragend. Es ist mir peinlich, aber ich besitze kein Taschentuch.
Jetzt bin ich angekommen. Ich schaue hinunter in die Abfertigungshalle.
Du drehst Dich abrupt weg und gehst zum Ausgang. Groß und schlank, blond und voller Jugend.
Ich schluchze.

Die Typen von der Security filzten mich von Kopf bis Fuß. So wie ich aussah! Knallrote, verheulte Augen, fahrige Bewegungen, dazu noch eine Fahne von unserem Abschiedsbier, das wir auf dem Weg zum Flughafen getrunken hatten. Die dachten bestimmt, ich wäre high oder so was. Aber das alles ging irgendwie an mir vorbei. Ich bekam ganz wenig mit, ließ machen. . . . Ich glaube, ich habe mich gebessert.

Ich glaube, ich liebe Dich – andernfalls könnte ich wohl nicht weinen bei unseren Abschieden, denke ich. Aber ich wage nicht, es Dir zu gestehen.

◆◆◆

Die Anlernzeit ist vorbei. Ich gehe nun alleine zu den Patienten.
Der Alltag springt mich an!

Aber ich entdeckte einen interessanten Menschen – in einem wunderlichen Reich.
Perserteppiche, wo man geht und steht. An den Wänden hängen aufwendig gerahmte Jagdszenen in Öl und mehrere Uhren, die unaufdringlich und geduldig ticken. Silberschätze funkeln in den Regalen, lassen erahnen, in welchem Glanz hier einst getafelt wurde. Uralte, massiv hölzerne Möbel verströmen eine Gediegenheit, die durch eine gigantische Bibliothek, bestehend aus unschätzbar wertvollen Folianten, gekrönt wird.
In diesen Räumen atme ich eine strenge aristokratische Autorität, besser: Ich würde sie atmen, lägen die Räume in einem Landhaus oder einer geschichtsträchtigen Jugendstilvilla – und nicht in einer Mietskaserne, von der der Putz abbröckelt!

Auf einer antiken, wunderschön wurmstichigen Kommode sehe ich ein Schwarzweißfoto meines Patienten.
Es zeigt ihn im Anzug auf einem Kamel thronend, davor steht seine Frau in einem hübschen Sommerkostüm, hinter ihnen ragt die Cheops-Pyramide aus Sanddünen hervor. Er trägt eine schwarze Sonnenbrille und lächelt cool, überlegen – forever young! Auch ihr Antlitz ist von keiner Sorgenfalte gefurcht. Ein schönes Gesicht, eine schöne Frau. Immer noch. Ich höre sie gar nicht hereinkommen.

«Bitte gedulden Sie sich noch einen Augenblick, mein Mann wird Sie gleich empfangen!»
Diese vornehme Sprache!
Ich fühle mich plötzlich so ungewaschen.

Die Haare der Frau sind eisgrau, trotzdem: Ihre Jugend, dokumentiert auf jenem Schwarzweißfoto, ist noch zu erahnen. Schlank ist sie nach wie vor, besonders und ehrfurchtgebietend.
Sie muß meinen Seitenblick auf das Schwarzweißfoto bemerkt haben. Mit hochgezogenen Augenbrauen mustert sie mich still, aber freundlich und erklärt: «Wir sind viel im arabischen Raum gereist. Wir lebten jahrelang nur aus dem Koffer. Es war eine aufregende Zeit, voller Bewegung. Das Leben machte für uns nur einen Sinn, wenn wir auf Achse waren. Aber wenn Sie mich jetzt bitte entschuldigen würden. Er muß jeden Moment kommen.»

Es erscheint ein haarloser Kopf im Türrahmen, ungefähr in der Höhe des Schlüssellochs. Schwer auf zwei Krücken gestützt wackelt er herein, vornübergebeugt bis zu seiner Hüfte. Ich bete, daß seine Stecken nicht in der Mitte auseinanderbrechen. Er zittert wie Espenlaub. Auf einem Meter Perser macht er ungefähr ein Dutzend Schritte...

Früher trug er einen Smoking, seine Frau ein weißes Abendkleid.
Es war der Wiener Opernball, damals ein noch rauschenderes Fest als heute. Getragen vom Dreivierteltakt schwelgte der Mann im Glück und auf dem Höhepunkt seiner Macht. Er war Konsul. Nach dem Walzer stieß er gerne mit Franz Josef Strauß an. Doch die Champagnerlaune trübte ihm nie den Blick. Er wußte genau, daß er nicht zu den ganz großen Herren zählte. Strauß pflegte im Privatjet eines befreundeten Industriellen nach Wien einzuschweben – und wurde Jahre später mit allem Pomp beigesetzt.
Der Konsul hatte eine schwarze Limousine mit Chauffeur ge-

borgt, hat jetzt seine Mietskaserne – und bald ein schlichtes Urnengrab.

... Ich streiche ihm mit den Fingern über den rechten Handrükken, den er nicht von seiner Krücke lösen kann.
«Grüß Gott.»
«Nice to meet you!» scherzt er.
Sein von der Mutter geerbtes Englisch ist perfekt, hört sich nur so komisch an, weil er spricht, als fehlten ihm sämtliche Zähne im Mund. Seine Stimme ist so schwach und zittrig wie sein Körper.
Er leidet an der Parkinsonschen Krankheit.

Von mir hat er bis jetzt noch nichts gesehen, weil er ja so gebückt daherkommt. Doch nun läßt er sich leise ächzend in einen ledernen Ohrensessel fallen.
Weil sein Oberkörper einen rechten Winkel zu seinen Beinen beschreibt, muß der Konsul sich im Sessel fast auf den Rücken legen, um mich betrachten zu können.

Während ich des Konsuls Beine mit einer kamillehaltigen Salbe eincreme und anschließend bandagiere, holt er richtig aus. Meine Arbeitszeit reicht immer gerade für eine kleine Anekdote aus seinem enormen Fundus an Geschichten. Wenn ich ihm zum Schluß noch ein Pilzmittel auf seine Zehennägel schmiere, dann kommt pünktlich dazu die jeweilige Pointe. Dieses Pilzmittel bringt im übrigen überhaupt nichts, denn prophylaktisch kann man einen Pilz nicht behandeln. Der Konsul weiß das, besteht aber trotzdem darauf.
Hinterher bekomme ich immer einen Schokoladenriegel geschenkt.

Deutschland unter dem Hakenkreuz, aber das Kreuz des Konsuls war noch gerade.
Der Blitzkrieg war über Europa hinweggedonnert und das

Deutsche Reich schien tausendjährig. Dem Konsul erschien das trügerisch, er war schon damals ein kluger Skeptiker. Es war die Zeit, als sich noch Tausende von Freiwilligen zu den Waffen meldeten. Fern waren jene Jahre, in denen Buben und Großväter in Erdlöchern verschwinden sollten, um mit zarten Fingern oder Gichtkrallen Panzerfäuste gegen eiserne Panzerkolonnen abzufeuern.

Der Konsul bekam eine Anstellung im Auswärtigen Amt. Nicht die Nazis zogen ihn an, sondern das Internationale, das Weltmännische und das Reisefieber, an dem er sehr krankte. Aber es wurde schlimmer in Deutschland. Und eines Tages wurde in einer Villa am Wannsee konferiert. Es gab viel Cognac und Stiefel und Mützen mit Totenköpfen drauf. Zum Schluß stand fest, wie die Juden vernichtet werden sollten.

Der Konsul erfuhr von dieser Konferenz zunächst nichts – und was seine Kollegen im Auswärtigen Amt während ihrer Mittagspausen munkelten, ließ angeblich nicht einmal einen Bruchteil dessen erahnen, was vor sich ging im Osten des Reiches. Es hieß: «Die Juden werden erschossen.»

Dem Konsul wurde es mulmig dabei.

Dann knallten immer mehr Stiefel über die Korridore des Ministeriums. Immer zackiger ging es zu und erstickender. Die, die sich zur Begrüßung noch die Hand reichten, statt den rechten Arm zu erheben, wurden rar in dem Gebäude. Keinem konntest du mehr trauen. Das Internationale und das Weltmännische, das in den Amtsstuben geherrscht haben mußte, wich einem nationalistischen Kasernenmief. In jenem Klima wurden Ideen nur noch zu einem Zweck geboren: Die Welt noch gründlicher zu sprengen.

Der Konsul entschied sich auszusteigen – und meldete sich freiwillig zur Armee. Es sei dies die einzige Möglichkeit gewesen, dem Auswärtigen Amt zu kündigen, ohne dabei den Verdacht des Landesverrats auf sich zu ziehen.

Der Mann hatte Glück, wohl auch genügend gewogene Leute an entscheidenden Stellen sitzen. Er mußte sich nicht an der Ostfront die Gliedmaßen abfrieren, sondern durfte unter der Sonne Frankreichs dienen.

Wenn er zurückdenkt an Frankreich, dann kommt er heute noch ins Schwärmen.

Er spricht sehr langsam, aber du merkst, daß das Beben in seiner Stimme nicht nur von seinem wackeligen Mund herrührt, den die Schüttellähmung zu einem unberechenbaren, vom Konsul losgelösten Ding gemacht hat.

Er lächelt: «Ich hatte immer genügend zu essen, der Wein strömte, und die Frauen flossen dahin.»

Eines Nachts dann sollte sich sein Schicksal erfüllen. Doch er wußte noch nichts davon.

Eine schöne Nacht muß das gewesen sein, mit Rotwein, rauschendem Meer und warmer Luft, mit Mondschein und nackter Haut. Das Mädchen stammte aus einem Bauerndorf, in dem der Konsul sehr beliebt war, weil er immer Zigaretten brachte und dafür nur Sprachkenntnisse eintauschen wollte.

Sie schliefen nebeneinander, nachdem sie sich geliebt hatten.

Die Liebe in den Zeiten des Krieges muß tief und verzweifelt gewesen sein. Die jungen Männer warfen die grauen Uniformen so schnell von ihren Leibern, wie sie später plötzlich von Kugeln getroffen werden konnten. Man liebte sich in jeder Minute, als sei es die letzte. Sie wollten ihrer Jugend nichts schuldig bleiben.

Ein Flugzeugmotor weckte den Konsul auf – Amerikaner, soviel ließ das Mondlicht an Umrissen erkennen. Das Mädchen mußte schnell in ihr Dorf zurück, der Konsul schnappte sich seine Maschinenpistole.

So stand er da: Gerade noch in den Armen seiner Geliebten, jetzt das Mordinstrument in der Hand, seine letzte Stunde hatte geschlagen!

Er würde schießen müssen und hinterher nie wissen, wozu. Er wollte doch nur sein Mädchen lieben! Er wollte doch nur noch wenigstens den nächsten Tag erleben, um im Dorf Zigaretten gegen französische Vokabeln einzutauschen und nachts im Mondschein...

Da kamen sie vom Himmel gefallen!
Es waren nur drei. Ein Himmelfahrtskommando, das die deutschen Befestigungslinien ausspionieren sollte.
«Hands up!» schrie der Konsul. «Hände hoch!»
«Hi, we are friends», flüsterten die Amis zurück, «wir sind Freunde.»
Die GI's hielten den Konsul doch tatsächlich für einen Alliierten, so gut wie der Englisch sprach. Dem Konsul schlotterten die Knie.

Ihren Irrtum sahen die Amis bald ein.
Als sie den Adler auf der Brust des Deutschen erblickten, warfen sie ihre Waffen weg, erhoben die Hände und begannen zu flehen.
«No, please, no!»
Auch sie wollten doch nur noch wenigstens den nächsten Tag erleben. Auch sie wollten doch nur ihre Mädchen lieben.
Vor vier Tagen hatten sie sich ihren Wachdienst mit Whisky versüßt und waren besoffen eingeschlafen. Zur Strafe warf man sie aus dem Flugzeug. Und jetzt sollten sie sterben?
In den Ausbildungslagern hatte man den Amerikanern gesagt, die Deutschen würden ihren Kriegsgefangenen die Haut bei lebendigem Leibe abziehen, ihnen die Arme abhacken und den Schäferhunden zum Fraß vorwerfen.
Als sie jedoch bemerkten, wie der Konsul am ganzen Leib zitterte – was er so sehr erst wieder im hohen Alter machen sollte –, beruhigten sie sich halbwegs. Dieser Junge sah nicht aus wie ein Folterknecht!

Nun, aus der Uniformhose des Konsuls ragte noch die Flasche Rotwein hervor, und irgendwie mußte ja was geschehen.
«May I have some?» fragte einer der Amis auf die Flasche deutend. «Darf ich was davon haben?»
Der Konsul weiß heute noch nicht, ob sich der GI damit einen letzten Wunsch vor seiner vermeintlichen Hinrichtung erfüllen wollte oder ob er einfach clever genug war, die furchtbare Konfrontation zu beenden.

Wie dem auch sei, die Flasche machte die Runde, man erzählte sich, daß man doch nur noch wenigstens den nächsten Tag erleben wolle und überhaupt: «War sucks!» «Krieg ist Scheiße!»
Zum Schluß war klar, daß sich die Amis gar nicht getäuscht hatten mit ihrem ersten Ausruf «We are friends».

Was nun?
Hätte der Konsul die drei laufenlassen, wäre er es wahrscheinlich gewesen, der demnächst aus einem Flugzeug über feindlichen Stellungen hätte aussteigen dürfen. Oder man hätte ihn gleich standrechtlich erschossen. Die GI's zeigten sowieso kein großes Interesse, unverrichteter Dinge zurückzukehren, um ihr Vergehen erneut sühnen zu müssen. Da auch die Sache mit der abgezogenen Haut und den Schäferhunden ausgeräumt werden konnte, entschloß man sich, in das nächste Gefangenenlager zu marschieren, sich da zu stellen und die letzten paar Wochen des Krieges abzusitzen.
Die Flasche kreiste ein letztes Mal, einer rülpste, die anderen lachten und es ging los.
Der Konsul entwaffnete die Amis und setzte sich an die Spitze des Zuges.
Doch der Wein zeigte allmählich Wirkung, und bald wußte der Konsul nicht mehr, wo sie sich befanden.
Der Konsul schüttelte den Kopf über seine Vergeßlichkeit, die Amis lachten sich krumm.
Doch der, der vorher vom Wein probieren wollte, hatte ein Nachtsichtgerät dabei, also trat ihm der Konsul seine Anführerrolle ab.
Das Quartett stolperte durch die warme Nacht, erfreute sich am würzigen Duft der Zypressen, am leisen Zirpen der Grillen und genoß das Leben, das jetzt wieder Aussicht auf den nächsten Tag bescherte.

Vor lauter Aussicht auf das nächste Schäferstündchen muß der Konsul den Schützengraben übersehen haben, der sich am Wegesrand auftat. Er stürzte hinein. Eine leichte Prellung war alles, was er sich zuzog – und den Spott der Amis natürlich, die ihn vom Rand des Schützengrabens aus neckten und sich vor Lachen auf die Schenkel klopften.

Davon kam der Konsul allerdings auch nicht aus der metertiefen Grube heraus.

Er war gefangen.

«Gimme your gun!» befahl der Ami mit dem Nachtsichtgerät. «Gib mir deine Waffe!»

Auf einmal war der Konsul wieder nüchtern. Hatte sich das Blatt gewendet? Würden die GI's ihn nun doch abknallen? Mindestens würden sie abhauen und ihn da drin im offenen Grab versauern lassen!

Doch nichts von alledem. Der Ami mit dem Nachtsichtgerät hatte nur eine weitere rettende Idee. Der Konsul reichte ihm die Maschinenpistole aus dem Graben.

So zog der ihn heraus.

Der Konsul hielt sich am Lauf der Waffe fest – der Ami hielt den Kolben. Der Konsul blickte in die Mündung seiner eigenen Knarre! Eine Fingerbewegung, und er hätte den nächsten Tag nicht mehr erlebt.

Nun, es kamen noch einige nächste Tage, es kamen auch noch viele nächste Nächte mit dem Mädchen aus dem Bauerndorf. Und dann kam die Nacht, in der erneut Flugzeugmotoren über die deutschen Stellungen dröhnten. Doch jetzt fielen nicht bloß drei Amerikaner vom Himmel, sondern ein paar Divisionen mehr.

Der Krieg war aus.

Nun saß der Konsul im Gefangenenlager, über dem nur die Fahne ausgewechselt werden mußte.

Doch der Amerikaner, der zuvor den Weg zu diesem Lager mit dem Nachtsichtgerät gefunden hatte, fand auch dieses Mal hin. Er redete mit dem Kommandanten. Der Kommandant machte den Konsul erst zum Dolmetscher, dann zu seiner rechten Hand. Zurück in Deutschland, wurde der Konsul von einem Befehlshaber zum anderen weitergereicht, und irgendwann gab es wieder ein Auswärtiges Amt.

Dann sah man den Konsul – jetzt wirklich Konsul – einen Koffer packen und gen Ägypten entschweben.
Er lebte jahrelang nur aus dem Koffer.
Es war eine aufregende Zeit voller Bewegung.
Das Leben machte für ihn nur einen Sinn, wenn er auf Achse war.

Ich pinsle seine Zehennägel mit dem nutzlosen Pilzmittel ein und helfe ihm, auf seine Krücken zu kommen. Dann wackelt er zittrig aus dem Zimmer und murmelt, kaum mehr zu hören: «Sie sehen, junger Mann, das Wichtigste auf der Welt, das ist die Sprache!»

Letztens wollte ich dem Konsul um den Hals fallen.
Erzählte er mir doch glatt, daß er einmal die Donau befahren hätte. Während seiner Studienzeit in Heidelberg. Und zwar schipperte er mit einem Ruderboot die Strecke zwischen Tuttlingen und Beuron. Genau diese Strecke bin auch ich einmal gefahren. Wenn auch nicht allein, sondern mit einem Freund. Wenn auch nicht in einem Ruderboot, sondern in einem Kanu aus Kunststoff.
Aber so ein Zufall!

Auch er konnte es gar nicht fassen.
Es gab so ein richtiges Durcheinander, weil wir beide auf einmal losprudeln wollten, um dem anderen von unseren Erlebnissen zu berichten. Wir redeten beide gleichzeitig. Dann hörten wir gleichzeitig auf, um dem anderen den Vortritt zu lassen, und setzten dann gleichzeitig wieder ein, weil jeder dachte, er hätte nun den Vortritt. Wir feixten wie zwei dumme Jungs.
Dann sagte ich: «Nein, Sie zuerst!»
Die Bandagen und die blöde Salbe legte ich zur Seite, das hatte Zeit.

Eines Sommers zwischen den Kriegen war er losgerudert, einen Strohhut auf dem Kopf, eine selbstgeschnitzte Pfeife im Mund.

Er ließ sich den Fluß hinabtreiben. Hin und wieder mußte er mit seinen Rudern gegensteuern, ohne Mühe, und ansonsten lehnte er sich zurück und genoß die Natur.

Er erfreute sich an den mächtigen Laubbäumen, die ihre schweren, schattenspendenden Äste zum Fluß hin neigten, und an den bizarren Felsformationen, die seinen Fahrweg säumten. Er beobachtete die Bauern, die ihre Felder mit Ochsen bestellten, verscheuchte hin und wieder die Fliegen und ließ sich vom Gurgeln des Wassers einlullen, das ihn sanft mit sich führte. Einen Rucksack hatte er dabei, darin ein paar Butterbrote und Äpfel – und sein Lateinbuch.

Und wenn es ihm danach war, deklinierte er im Geiste, puer, pueri, puero, puerum, puero.

Unter seinem Boot tummelten sich die Fische schwärmeweise, und er überlegte sich, ob er welche mit bloßen Händen fangen könnte.

Dann pfiff er den Pferden zu, die am Ufer grasten, und wenn er Wald durchfuhr und in der plötzlichen Kühle fröstelte, dann sah er den Rehen nach, wie sie durchs Gehölz huschten.

Als es Abend wurde, ging er an Land.

Ein Lagerfeuer wollte er machen, eine Wolldecke ausrollen und im nackten Gras sich schlafen legen.

Da kam ein Bauernjunge daher.

Er sagte so etwas ähnliches wie: «Kerle, du holsch dr ja dr Dot!»

Der Konsul, der damals noch keiner war, sagte: «Warum sollte ich hier nicht übernachten?»

Der Bauernjunge lachte: «Heidanei, so ebbes han i au no net gsea.»

Mit Händen und Füßen verständigten sich die beiden dann doch noch. Der Bauernjunge lud den Konsul zu sich auf den Hof ein.

Die Bauersleute machten nicht viel Aufhebens um den Gast. Es war selbstverständlich, daß man die Wandersleute aufnahm.

Aber als sie dann alle am derben Holztisch saßen – Bauer und Bäuerin, Söhne und Töchter, Oma und Magd und Knecht und Konsul –, da hatten sie schon noch ihren Spaß an ihm.

Zum Beispiel sagte die Bäuerin: «Der haut se ja ganz sche dr Ranza vool.»

Und der Bauer antwortete: «Ha, so an guata Schwartamaga hot der beschtemmt no nia ghet. Ond so a guats Biar au net.»

Die anderen am Tisch lachten.

Er muß wohl zu jener Zeit in jener Gegend ein seltsamer Patron gewesen sein. Ein schmalbrüstiger, bleicher junger Mann, ohne Schwielen an den Händen, einen Strohhut auf dem Kopf, der während der ersten Heuernte nichts Besseres im Sinn hatte, als sich in einem Ruderboot den Fluß hinabtreiben zu lassen.

Der Konsul merkte schon, daß sie über ihn lachten, aber er verstand halt kein Wort. Also grinste er verlegen. Und über seine Verlegenheit mußten seine Gastgeber noch mehr lachen.

Jetzt machte auch die Oma Späße auf Kosten des Konsuls.

Sie fragte ihn: «Sag amoal, hosch Du aigentlich scho amoal Marda dr Gang naganga gseah?»

Die anderen klopften sich auf die Schenkel vor lauter Lachen, und der Knecht mußte einen Bissen unter den Tisch spucken, sonst wäre er daran erstickt.

Der Konsul grinste verlegen.

Da sagte der Bauernjunge, der ihn aufgelesen hatte: «Woisch, Martha, dui, wo emmer d Tschiega nagoht.»

Der Bauer ließ seinen Löffel fallen und brüllte vor Lachen. Dabei wippte sein Bierbauch rauf und runter, so daß der ganze Tisch wackelte.

Der Konsul wurde rot.

Dann legte er seinen Löffel senkrecht zum Teller auf den Tisch, räusperte sich und sagte ganz beiläufig und bescheiden: «Nullum est iam dictum, quod non sit dictum prius.»

Dann nahm er seinen Löffel wieder auf und aß weiter. Dem Bauer war der Mund offen stehengeblieben, und es war totenstill in der Stube. Das einzige Geräusch war das Klappern des Löffels, mit dem der Konsul genüßlich die letzten Reste seiner Tunke aus dem Teller kratzte.

Sie starrten ihn alle an wie eine Erscheinung. Und dem Bauer rann etwas Speichel aus seinem offenen Mund.

Der Konsul tat wieder ganz bescheiden: «Hat euch das gefallen? Das ist Latein, Ihr wißt schon, wie in der Kirche. Jetzt schaut mich doch nicht so an!»

Sie wollten mehr davon.

Die Bäuerin räumte das Geschirr beiseite, und alle rückten sie näher zusammen. Der Konsul stopfte sich seine selbstgeschnitzte Pfeife und zog sein Lateinbuch hervor.

Er las: «Multis mortalibus most est malignitatem naturae accusare: nos in exiguum temporis spatium creari queruntur...», Senecas Gedanken über die Kürze des Lebens, die nach Erkenntnis des Philosophen nicht zu beklagen sei, wenn man die zu Gebote stehende Zeit richtig zu verwenden wüßte, auf keinen Fall mit Planlosigkeit, Ehrgeiz, Gewinnstreben und der Bereitschaft, sich für die Nichtigkeiten anderer einspannen zu lassen.

Er las, und die Bauersleute hörten ihm ergriffen zu. Sie verstanden kein Wort von dem, was er da sagte. So, wie er kein Wort von dem verstand, was sie sagten. Aber durch seine Lateinkenntnisse hatte er sich Anerkennung verschafft in dieser Stube, Anerkennung.

Am nächsten Tag krempelte der Konsul seine Hemdsärmel hoch und half den Bauern mit dem Heu. Er schnappte sich eine Sense und lief zu Hochform auf, als er durch die Wiesen ging und die Halme schnitt.

Und als er wieder weiterfuhr, da versammelte sich die ganze Großfamilie zum Abschied am Ufer. Freilich hatte keiner von ihnen solch ein schönes Seidentaschentuch mit eingesticktem Monogramm zum Winken wie der Konsul.

«Mein Ruderboot hätten Sie sehen sollen. Es hatte Schlagseite vor lauter Brot, Speck, Wurst und was sie mir sonst noch alles eingepackt hatten», sagte der Konsul lächelnd.

«Die Bauern sind da heute noch so nett», sagte ich.

Auch wir waren abends an Land gegangen, mein Freund und ich. Freilich rollten wir nicht nur eine Decke auf, sondern unser Igluzelt. Und wir machten kein Lagerfeuer, sondern warfen unseren Bunsenbrenner an. Aber wir brauchten Wasser und klopften an einem Bauernhaus ganz in der Nähe. Die Leute dort gaben uns nicht nur Wasser, sondern gleich einen ganzen Fünfliterkanister Most. Den mußten wir am nächsten Tag nur wieder vor die Haustür legen – «Aber fai gleert», wie der Bauer noch meinte.

Was die Fahrt an sich betrifft, so konnten wir uns leider nicht in unserem Kanu zurücklegen und uns treiben lassen. Der Wasserstand war größtenteils so niedrig, daß wir mehr Zeit damit verbrachten, unser Kanu über die Steine zu ziehen, als mit Paddeln. Es gab zwar Pferde, die am Ufer grasten, aber keine mächtigen Laubbäume, die ihre schweren, schattenspendenden Äste zum Fluß hin geneigt hätten.

Und wenn wir durch Wald fuhren, war der total licht – da hätte kein Reh mehr durch irgendein Gehölz huschen können. Nur die Felsformationen waren wohl noch so, wie sie auch der Konsul gesehen hatte, bizarr, unzerstörbar, ewig.

Und dann standen da auf einmal Angler am Ufer und fischten nach den paar wenigen Forellen, die sich noch in der Donau tummelten. Die schrien uns an: «Hey, habt ihr 'nen Knall! Verschwindet hier!»

Wir störten sie bei der Jagd.

Der Konsul nickte stumm.

Ich sagte auch nichts mehr, cremte ihm seine Beine mit der kamillehaltigen Salbe ein und wickelte die Bandagen drumherum.

Plötzlich machte der Konsul: «Pscht!»

Er horchte. Draußen sang ein Vogel.

Der Konsul sagte: «Die Amsel, auch Schwarzdrossel genannt, ein eurasiatischer Singvogel, ist eine Spezies, die einst ausschließlich im Wald beheimatet war. Dort ist sie heutzutage fast überhaupt nicht mehr anzutreffen. Heute lebt die Amsel in den Städten. Sie hat sich angepaßt.»

————————— **E**iner, der liegt den ganzen Tag über in einen Bademantel gewickelt auf seiner Couch und liest die Bildzeitung. Das heißt, er schaut sich die blanken Brüste an, die dort abgebildet sind. Er stinkt bestialisch und sträubt sich mit Haut und Haaren gegen Wasser.

Manchmal haut er mit dem Stock nach mir und grölt heiser: «Was geht denn nun los? Spinnt ihr denn alle miteinander? So was tut man doch nicht, verdammt noch mal!»

Und ich erkläre ihm jeden Tag aufs neue, wer ich bin und was ich will.

Er besitzt einen riesigen Schäferhund, der vor Energie nur so strotzt und andauernd seine tödlichen Zähne fletscht. Dieser Köter würde so gerne mal auf die Jagd gehen oder zumindest an die frische Luft – aber sein Herrchen ist ja couchlägerig und bewegt sich selbständig keinen Meter weit. Wenn ich dann erscheine, wittert der Hund Abwechslung und springt ohne Ende an mir hoch, meine Hände und mein Gesicht abschleckend.

Einmal kam der Hund ins Badezimmer, just in dem Moment, als ich die alte Windel seines Herrchens auf den Boden geworfen hatte, um ihm eine neue anzulegen. Der Hund schnupperte an der Windel herum, öffnete sie dabei – und fraß die Scheiße heraus!

Das Vieh liebt das.

Du kannst Dir vorstellen, daß ich seit diesem Erlebnis am liebsten in einem Ganzkörper-Latexanzug bei diesem Patienten erscheinen würde. So etwas ist aber noch nicht erfunden. Und ich kann den Hund einfach nicht abwehren. Seine ellenlange, beschissene Zunge erwischt immer einen Fetzen meiner Haut.

Der Patient hat auch noch eine Frau, doch die hat selten was zu melden. Sie findet seine Art komisch, auch die Gewohnheiten seines monströsen Köters. Weil ihr nichts anderes übrigbleibt.
Sie sagt: «Jaja, schon früher hat es geheißen: ‹Wenn es dem Opa gutgeht, dann ist er grantig!›»

«Du Depp!» schreit der Alte, während ich ihn wasche. Ich denke: «Ganz ruhig, Junge! Der weiß doch nicht mehr, was er sagt. Sei ihm nicht böse. Er meint es im Grunde genommen nicht so.»
Vergeblich. Ich meine, ich komme daher, opfere ihm meine Zeit, wische ihm den Hintern und muß mich auch noch beleidigen lassen.
Ich schreie zurück: «Selber Depp!»
Aber wenn wir fertig sind, dann verabschiedet er sich von mir mit einem freundlichen Handschlag. Schon bin ich wieder ein Fremder für ihn.

Ich könnte ihn mit bloßen Händen erwürgen, entschied mich jedoch für subtilere Rachemethoden.
Normalerweise benutzen wir immer zwei Waschlappen – einen hellen für Gesicht und Oberkörper, einen dunklen für Beine und Genitalien. Er allerdings bekommt von mir nur den dunklen Waschlappen, für Arsch und Gesicht, für sein Arschgesicht. Er hat nichts Besseres verdient.
Doch damit nicht genug.
Wenn ich einen netten Patienten mit Franzbranntwein abreiben will, dann kündige ich das vorher in einem mitleidigen Ton an: «Vorsicht, jetzt wird es gleich eiskalt, bitte nicht erschrecken, gell!»
Nicht so bei diesem renitenten Alten.

Nein, ich schütte ihm das Zeug einfach drüber, total überraschend und soviel wie möglich.

Er schreit dann immer: «Aua! Du hast ja wohl nicht mehr alle Tassen im Schrank! Depp!»

Beim Baden benutze ich kochendheißes Wasser. Wenn er dann in die Wanne steigt, verbrennt er sich seine weit herabhängenden, stinkenden Hoden.

Beim Haarewaschen gebe ich ihm keinen Waschlappen für die Augen, damit die Seife schön schmerzhaft reinlaufen kann. Außerdem ziehe ich ihn schon nach fünf Minuten wieder raus. Erst wenn er schon anfängt zu frieren, werfe ich ihm ein Handtuch über den Kopf, so daß er nichts mehr sieht. Dann rubble ich ihm die Glatze – wie ein Schreiner einen Tisch hobelt.

Er schreit ohrenbetäubend: «He, Depp! Bück dich mal, damit ich dir eine knallen kann!»

Ich aber sage grinsend Sachen wie zum Beispiel: «Wenn Sie immer ins Badewasser pinkeln, dann kann Ihr Hund gestern nicht mehr Gassi gehen!»

Er kapiert das dann nicht und schweigt aus lauter Verwirrung.

Mein ist die Rache!

Die Boshaftigkeiten entschädigen mich für mein angeschlagenes Nervenkostüm. Schließlich benutzen einen die Alten als Ventil für ihre Leiden. Das hältst du auf Dauer nicht aus.

Frauen sind in der Regel viel pflegeleichter als Männer. Männer tragen schwerer an ihrem Schicksal – wie wir ja überhaupt viel weinerlicher sind als Frauen.

Die alten Männer finden sich nach der arbeitsreichen Blüte ihres Lebens kaum mit dem Nichtstun ab, zu dem sie ihre Hinfälligkeit verdonnert. Ihren aufgestauten Frust entladen sie gerne am Pfleger, der für sie die Symbolfigur ihrer Hilflosigkeit und Entmündigung darstellt.

Frauen fügen sich fast immer klaglos.

Dafür genieren sich die meisten aber, sich vor jungen Männern auszuziehen und sich von ihnen waschen zu lassen.

Da gibt es zum Beispiel so eine Bilderbuchoma, die erst vor zwei Wochen ihren Neunzigsten feierte.

Frau Gerl reicht mir bis an den Bauchnabel, so winzig und tattrig und schrumpelig ist sie.

Und Frau Gerl bestellt mich nur zu einem einzigen Zweck: ihr die Strapse zu öffnen.

Ihre Finger sind zu steif dazu. Aber waschen will sie sich unbedingt allein. Während sie das tut, mache ich es mir in ihrem Ohrensessel bequem und lese ihre Zeitung.

Wenn sie fertig ist, mache ich ihr die Strapse wieder zu.

Frau Gerl ist das hochnotpeinlich. Ich könnte ja womöglich annehmen, daß sie scharf darauf sei, diese Handgriffe von mir erledigen zu lassen.

Also macht sie Scherze, um die Situation zu überspielen. Und sie sagt: «Gell, wann i koan Spaß mehra verstenga dat!»

Als Frau Gerl noch anders hieß und neun Jahre alt war, sagten die Leute, bald ginge die Welt unter.

Die Frauen horteten Nahrungsmittel und beteten in den Herrgottswinkeln, die Männer besoffen sich noch schnell im Wirtshaus. Manchen Bauer plagte das schlechte Gewissen gegenüber seinen Tieren. So wurden die Ställe geöffnet und die Viecher freigelassen. Überhaupt versuchte man, so viele offene Rechnungen wie nur möglich zu begleichen, um sein Kerbholz etwas zu verkleinern.

Dann war er da, der letzte Tag der Welt.

Die Menschen verkrochen sich in ihren Häusern. Nur das neunjährige Mädchen, das war so interessiert an den Geschehnissen, daß es früh morgens ausbüchste. Es wollte sich das Spektakel nicht entgehen lassen, wenn die Kirche in einer Erdspalte versänke, das Flüßchen über die Ufer träte, die Bäume umknickten wie Streichhölzer und die Menschen als lebendige Fackeln durch die Straßen in die ewige Verdammnis rannten.

Oder käme gar ein gleißendes Licht? Ertönten Engelschöre und Harfenklänge, die zur ergötzlichen Untermalung dienten, wenn die Bewohner des Dorfes himmelwärts strebten, der Erlösung entgegen? Das Mädchen jedenfalls war sehr gespannt.

Es wußte natürlich, daß eine Welt, die so lange bestanden hatte, nicht innerhalb einer einzigen Stunde untergehen konnte, und sie hatte sich mit einem Krug Wasser und einem Stück Brot darauf eingestellt.

So saß das Mädchen auf einem Hügel, trank ab und zu einen Schluck aus seinem Krug, biß hin und wieder in seinen Kanten Brot und wartete.

Als die Sonne im Zenit stand, war noch nichts passiert. Nur der Krug, der war leergetrunken. Das Mädchen wartete.

Am Nachmittag war immer noch alles an seinem Platz, die Kirche, das Flüßchen, die Bäume. Nur das Brot, das war aufgegessen.

Nun, der Weltuntergang mußte verschoben worden sein. Und das Mädchen war aus lauter Langeweile eingeschlafen.

Als es dämmerte, fand sie ihr Vater.

Er weckte sie auf, versohlte ihr den Hintern und brachte sie mit einem Gutenachtkuß ins Bett. Die Frauen hörten auf zu beten, die Männer plagte der Kater, und auf den Straßen und Feldern sah man Bauern, die verzweifelt versuchten, ihre Viecher wieder einzufangen.

Heute meint Frau Gerl, früher sei alles viel besser gewesen.

Gleich im Haus nebenan wohnt meine nächste Patientin auf dieser Route, Frau Bronski. Frau Gerl läßt Frau Bronski immer schön von sich grüßen.

Die beiden wohnen direkt nebeneinander, haben sich aber seit mindestens vier Jahren nicht mehr gesehen. Die Bilderbuchoma weiß das so genau, weil sie vor genau vier Jahren Wasser in den Beinen hatte. Sie durfte damals in Begleitung eines jungen Mannes vom Malteser-Hilfsdienst im Rollstuhl spazierenfahren. Da traf es sich, daß sich die beiden alten Damen begegneten, denn auch Frau Bronski wurde gerade zufällig von einem Malteser im Rollstuhl die Straße rauf- und runtergeschoben.

So fuhren die beiden alten Frauen nebeneinanderher. Sie sollen sich übers Wetter unterhalten haben und darüber, wie nett die jungen Männer heutzutage immer noch seien.

Aber das ist vier Jahre her.

Einen schönen Gruß!

Frau Bronski richtet nie einen Gruß aus. Sie will recht wenig wissen von der herkömmlichen Umwelt, denn sie hat ihre eigene Welt um sich herum geschaffen. Ihre ganz eigene. Und in der lebt sie, ohne jemals aufzuwachen. Diese Welt ist real für sie, realer als Fernsehen oder irgendein Film.

Ich klingle zweimal an einem Gartentürchen, das immer geöffnet ist, bahne mir meinen Weg durch einen Dschungel von Unkraut und stehe auf einer Veranda. Die Verandatür ist mit einem schweren Rolladen gesichert, gegen den ich mehrmals mit meinen Fäusten hämmern muß. Erst dann geht der Rolladen hoch, eineinhalb Meter ungefähr – und ich kann hineinkriechen in die Welt der Frau Bronski, wo niemals die Sonne scheint, sondern nur Glühbirnen für diffuses Licht sorgen.

Frau Bronski sitzt in ihrem Sessel, genau auf ihrer Handtasche. Das ist der beste Schutz gegen Diebe. Nicht daß sie viel Geld in der Tasche verstaut hätte. Doch das, was sie an Geld verstaut hat, war zu ihrer Zeit ein Vermögen. Ihr Unvermögen, die Veränderungen der Zeit nachzuvollziehen, macht sie mißtrauisch.

Eigentlich sieht sie noch gar nicht so alt aus. Aber sie wird 95 – am 24. Dezember, am Heiligen Abend. Ein Omen? Vielleicht nimmt sie deshalb mehr Dinge wahr als andere Menschen.

Wenn sie den Rolladen ihrer Verandatür nämlich nicht herunterläßt, den Tag nicht aussperrt mit seinen grausamen Erschei-
nungsformen, dann schleicht sich ihr Schwiegersohn in den
Vorgarten, um es dort vor ihren Augen mit einer Hure zu treiben. Frau Bronski sagt das so richtig derb: «Sein Flittchen macht
die Beine breit.»
Und einmal empfing sie mich ganz erleichtert: «Gott sei Dank,
daß Sie gerade jetzt kommen. Mein Schwiegersohn hat mich
gequält!»
Er sei vor ihrem Sessel in die Knie gegangen, habe ihr mit viel
Gewalt die Beine gespreizt und ihr Klopapier in die Scheide ge-
stopft, immer und immer wieder Klopapier.

Der Schwiegersohn wäre ja noch zu ertragen!
Doch wenn Frau Bronski den Rolladen ihrer Verandatür nicht
herunterläßt, passiert noch mehr.
Dann kommen die Vögel!
Sie haben feuerrote Kämme auf ihren Köpfen – wie Hähne. Aber
ihr Gefieder ist blau. Sie picken so lange gegen die Verandatür,
bis sie aufspringt. Und die wehrlose Frau Bronski muß mitansehen, wie den Vögeln pechschwarze Katzen mit glühenden
grünen Augen folgen. Die Katzen kämpfen gegeneinander, direkt vor ihren Füßen – da kriegt auch Frau Bronski hin und wieder Kratzer ab. Um die Dämonen zu vertreiben, zischt sie laut:
«Tsch! Tsch! Tsch!» Und meistens schleichen sich die Katzen
dann auch – nachdem Frau Bronski ein bis zwei Stunden lang
gegen sie angezischt hat.
Die blaugefiederten Vögel mit den feuerroten Kämmen jedoch,
die kriegt Frau Bronski nicht mehr aus dem Haus. Sie nisten sich
im Kühlschrank ein, brüten dort ihre Jungen aus und fressen
alles leer. In ihrer Verzweiflung läßt sich die Bronski keine Le-
bensmittel mehr besorgen. Kein Essen, keine Vogelattacke. So
denkt sie. Und magert zusehends ab.

Und manchmal, da durchwühlt sie die Polster ihres Sofas, wirft
sie auf den Boden und schreit außer sich: «Raus! Raus! Ihr Mist-
kerle! Das ist mein Sofa!»

Ich stehe daneben und weiß nicht, was ich machen soll. Am besten ist, wenn ich so tue, als wäre überhaupt nichts.

Das wahre Grauen aber, das wahre Grauen schlägt erst in der Nacht so richtig los. Nachts rumort es oben auf ihrem Dachboden. Da packen irgendwelche Männer Frau Bronskis Hab und Gut zusammen, um es mit Lieferwagen abzutransportieren und auf dem Schwarzmarkt zu verkaufen. Wenn Frau Bronski nicht zeitig im Bett liegt, dann muß sie sogar mitansehen, wie unzählige gesichtslose Männer durch ihre Wohnung geistern, überall Gegenstände abmontieren und in großen Säcken davonschleppen.

Neulich haben diese Männer sogar die Gardinen von der Verandatür abgenommen und einfach an Frau Bronski vorbei nach draußen getragen!

Aber Frau Bronski weiß genau, was mit ihren Gardinen geschah. Die wurden nämlich zu der Hexe gebracht, die zwei Straßen weiter wohnt. Die Hexe benutzt die Gardinen, um ihren bösen Zauber über Frau Bronski auszuschütten.

Einmal, da trocknete gerade ein tellergroßer Blutfleck an der Verandatür. Ein paar Haare klebten auf diesem Fleck, und schwarzrote Rinnsale schlängelten sich daraus hervor, hinab in den sowieso schon undefinierbar eingefärbten Teppich, wo sie versickerten.

Frau Bronski hatte eine enorme Platzwunde auf der Stirn und keinen einzigen ihrer dritten Zähne mehr im Mund. Sie mußte zum Glück nicht genäht werden. Frau Bronski wußte darüber hinaus sowieso eine bessere Heilungsmethode: Die Gardinen sollten wieder zurück an ihren Platz. Denn ohne die Gardinen kann die Hexe nicht hexen.

Der Unfall geschah nämlich, indem Frau Bronski ihre Verandatür öffnete und gleich darauf von einem starken Wind gepackt wurde. Sie strauchelte und fiel. Der Wind aber, der Wind war nicht irdischen Ursprungs, sondern ward von der Hexe geschickt, die zwei Straßen weiter wohnt.

An die Hexe persönlich kommt Frau Bronski nicht heran, denn

Frau Bronski ist Katholikin. Und die Magie des Heiligen Kreuzes ist zu schwach gegen das Voodoo der Gardinen.

Aber die Männer, gegen die Männer kommt Frau Bronski an! Dazu muß sie nur den Rolladen herunterlassen.

Frau Bronski haßt Männer.

Am Anfang wollte sie mich deswegen für eine Frau halten. Das funktionierte aber nicht.

Dann schrie sie: «Ich mecht amal froh sein, wenn ich die bösen Menschen nimmer mecht hab'n!» und warf mich aus der Verandatür, zu der ich wenige Minuten zuvor hineingeschlüpft war.

Zerberus rückte an und machte ihr klar, was Sache ist. Ab da war ich bei Frau Bronski willkommen.

Ihre Gardinen – die ja in Wirklichkeit seit Dekaden nicht mehr abgenommen wurden, nicht einmal zum Waschen – habe ich im folgenden nie angeschaut, geschweige denn ein einziges Mal berührt. Vielleicht überzeugte sie erst das von meiner Harmlosigkeit.

Weißt Du, Frau Bronskis Zustand hat schon seine Ursachen. Zum einen ist er rein organisch begründet: Ihr Gehirn wird nicht mehr vollständig durchblutet. Dann siehst und hörst du schlecht. Dann siehst du seltsame Schatten und hörst bedrohliche Geräusche im Haus – und kannst nichts mehr richtig zuordnen.

Du bekommst Angst.

Du bist ja den ganzen Tag über allein, vor allem bist du die ganze Nacht über allein. Du bist hilflos und verstört, nicht mehr daran gewöhnt, Gesellschaft zu haben und etwas Sinnvolles zu sprechen.

Langsam verabschiedest du dich von draußen, von der Welt, wie sie die anderen Menschen kennen.

Du erschaffst dir deine eigene Welt. In der lebst du, und aus der holt dich keiner mehr raus.

Zum anderen hat das bei Frau Bronski aber auch ganz individuelle Gründe. Ich war geschockt, als ich es von Zerberus erfuhr.

In den zwanziger Jahren kam die Bronski wegen einer Unter-
leibsgeschichte in die Stadt. Sie war eine Bäuerin und völlig un-
bedarft. Der Arzt wollte, daß sie sich auszieht und in den gynä-
kologischen Stuhl setzt. Dann verließ er den Raum.
Fünf Minuten später kam er zurück – drei Dutzend Medizinstu-
denten im Schlepptau!
Frau Bronski weinte vor lauter Scham und Schande.
All diese Männer bauten sich vor ihr auf und guckten ihr in den
geöffneten Schritt.
Sie beschauten sie wie ein Stück Fleisch.
Lang und breit erklärte der Arzt seinen Schülern sämtliche Ein-
zelheiten des unteren Innenlebens der Frau Bronski. Die ganze
Zeit über getraute sie sich nicht, vom Stuhl zu steigen. Zum
Schluß defilierte ein jeder einzeln zwischen ihren gespreizten
Beinen hindurch und ließ die Augen weiden auf jener Stelle, die
der Arzt gewiesen hatte.

Frau Bronski hat sich bis zum heutigen Tag nicht erholt von
diesem Trauma.
Deswegen haßt sie Männer!

Ich kenne noch eine andere Geschichte, die ihrem Geist Ab-
bruch getan haben muß, so daß jetzt nur noch diese Ruine übrig
ist, durch die der Wind der Wirklichkeit haltlos hindurch-
pfeift.
Die Geschichte spielt gegen Ende des Zweiten Weltkrieges. Da
flüchtete Frau Bronski aus dem Osten – wie Millionen anderer
Menschen.
Im Januar 1945 hatten die Russen die Weichsel überschritten.
Das Schiff, das Frau Bronski evakuieren sollte, hieß «Wilhelm
Gustloff». Es war das Flaggschiff der «Kraft durch Freude»-Be-
wegung, benannt nach dem Schweizer Naziführer Gustloff, der
1936 in Davos erschossen worden war.
Und nur dieses Schiff konnte die Menschen vor den Russen ret-
ten. 8000 Passagiere fanden Platz, und 173 Mann Besatzung.
Die Russen jagten drei Torpedos rein – alle drei aus deutscher
Fabrikation!

7000 Menschen ertranken im Eiswasser.

Einer davon war Frau Bronskis Sohn – fünfzehn Jahre alt. Sie wollte ihn noch ins Rettungsboot ziehen, bekam aber nur den Ärmel seiner Jacke zu fassen.

Und weil da noch mehrere, stärkere Menschen ins Rettungs-boot wollten, kam der Junge nicht mehr rein. Sie drückten ihn unter Wasser. Frau Bronski blieb nur noch die Jacke – aus der war der Junge herausgerissen worden.

Die historischen Fakten und Details dieser Geschichte erfuhr ich freilich nicht von der Bronski, sondern vom Konsul, der sich bestens auskennt in solchen Dingen.

Die Bronski zeigte mir nur die Jacke! Das heißt, einen verschlis-senen, vergilbten, undefinierbaren Fetzen Stoff.

Mich schaudert es jedesmal, wenn ich mir vorstelle, daß meine Patienten ihre besten Zeiten in Jahren erlebten, die langsam aber sicher unserem Vergessen anheimfallen. Sie sind wie Zeitrei-sende.

Sicher könnte Frau Bronski noch mehr erzählen.

Gott, sie ist ja in ihrer Jugend durch den Ersten Weltkrieg gegan-gen, und als der Zweite Weltkrieg zu Ende war, stand sie mitten im Klimakterium.

Ich will sie aber nicht ausfragen.

Es tut ihr weh, sich zu erinnern, gab es doch wenig, über das sich ein lustiges Zeugnis ablegen ließe.

Manche Sterbenden behaupten ja, den Tod als langen schwarzen Tunnel zu sehen, an dessen Ende ein grelles Licht leuchtet.

Es soll schön sein.

Ich denke, so wirkt Endorphin, das Hormon, das unser Körper gegen Schmerzen produziert.

Es ist dem Morphium verwandt.

Es ist ein Schutzmechanismus, der kurz vor dem Tod zu Über-dosen neigt.

Für die einen ist der Tod ein Beruhigungsmittel. Für die anderen ist er ein Horrortrip. Wie für die Bronski. Sie geht im LSD-Rausch über den Jordan.
Glaube, was Du willst!
Carpe diem!

DER DANK DER DIVA

Die Frau sitzt in diesem grünen Ohrensessel, die Füße auf ein Schemelchen gestützt, die Knie aneinandergelegt, die Hände in ihrem Schoß auf ein Kissen gefaltet.

Sie lächelt selig.

Ihre Haare sind ganz lang und voll und silbrig. Leider fallen sie ihr in letzter Zeit aus. Sie besitzt eine außergewöhnlich glatte, geschmeidige Haut – das Produkt pausenloser Pflege mit duftenden Ölen und Salben. Ihre Gesichtszüge sind sehr fein, zerbrechlich wirkt ihr hübscher Körper. Vor allem ihre grazilen Füße beeindrucken mich. Sie sehen aus wie mit einer Schablone gezeichnet.

Um den Hals trägt sie stets eine Kette mit einem herzförmigen Anhänger. Es ist ein schweres Silberteil, das aussieht wie ein Riechfläschchen. Sie merkt sofort, wenn ich einmal vergesse, ihr diesen Schmuck anzulegen. Dann deutet sie nur still und scheu auf ihre Brust.

Wie wunderbar sie einst ausgesehen haben muß!

Den Schlaganfall hatte sie erst kürzlich. Aber sie ist ganz friedlich und dankbar. Sie redet nicht, weint nur ab und zu, selbst das sehr zurückhaltend und leise.

Für mich ist sie der Inbegriff alles Weiblichen, aber auch eine Symbolfigur für verblassende Jugend und überhaupt für alle Vergänglichkeit dieser Erde. Genauso könntest Du mal aussehen im Alter!

Man könnte diese Frau vergöttern.

In jüngeren Jahren verbrauchte sie drei Ehemänner. Auch ansonsten hatte sie was vom Leben. Ja, die Welt lag ihr zu ihren grazilen, wie mit der Schablone gezeichneten Füßen. Primaballerina war sie und Ballettleiterin einer Truppe aus Berlin, die die ganze Welt bereiste. Die Frau zog von einer Stadt in die andere, tanzte, lächelte, wurde bejubelt und verehrt.
Sie bekam Tuberkulose.
Ein Lungenflügel mußte raus.
Da tanzte sie mit einem Lungenflügel weiter und weiter, ließ sich bejubeln und verehren und verbrauchte ihre Männer, solange es halt ging.
Zuletzt war sie Hausmädchen bei einem Bundesminister. Na ja, der hat auch nicht weniger Dreck gemacht als andere Leute.
Jetzt verblüht sie, verfällt nicht, sondern welkt, entblättert sich wie eine Rose. Für immer jung – warum ist das ein Traum?

Die Diva läßt alles mit sich machen. Sie setzt sich, erhebt sich, spreizt die Beine, dreht den Kopf und bückt sich – alles nach meinen Wünschen, die es mir erleichtern, sie zu waschen. Bei ihr benutze ich keine Handschuhe. Und manchmal, wenn ich sie überall berühre, dann muß ich mir vorstellen, wie viele Männer mich vor Jahrzehnten um diesen verbotenen intimen Kontakt beneidet hätten.

Nach dem Waschen plaziere ich sie in ihrem grünen Sessel – wie man einen Edelstein in sein gepolstertes Etui hineinlegt. Ich stelle ihre Füße auf das Schemelchen, rücke ihre Knie aneinander und falte ihre Hände auf dem Kissen in ihrem Schoß.
Ich hänge ihr die Herzkette um und streichle ihr über den Kopf.
Dann höre ich voller Stolz das einzige Wort, das sie mir je vergönnte – ein dünnes, zittriges: «Danke!»

Vor drei Wochen orderte mich Zerberus zu den Michniks ab mit den tröstlichen Worten: «Ach ja, halten Sie sich was vor die

Nase, es stinkt fürchterlich bei denen. Es ist wahrscheinlich das dreckige Katzenvieh, das überall hinscheißt».

Es stank überhaupt nicht, und das Katzenvieh ist traumhaft und genau so, wie eine Katze meiner Meinung nach sein muß: pechschwarz und mit glühenden grünen Augen – wie Frau Bronskis Phantasien entsprungen. Ein hübsches Tier, das in dem riesigen Haus zwischen Bücherschränken aus Massivholz und Tischen mit gehäkelten Decken genügend Spielplatz findet.

Und dann Herr Michnik, ehrfurchtgebietende 98 Jahre alt.
Du mußt Dir mal ausrechnen, wann der geboren ist. Was der alles erlebt hat!
Der König von Sachsen fuhr an ihm vorbei – im ersten Automobil, das man seinerzeit bewundern konnte, auf der Stadtrechtsfeier von Chemnitz. Da gab es Gebäck und Freibier, und Herr Michnik war noch nicht einmal zehn Jahre alt und lief barfuß in seinem Sonntagsanzug durch die Straßen. Er sah auch den Zeppelin über seine Stadt schweben, bevor dieser ausbrannte. Später beteiligte er sich an den Streiks und begleitete die Mutter auf ihrem Weg zum Bäcker. Das Geld für Brot schoben sie im Schubkarren hin.
Mein Gott, kannst Du Dir vorstellen, daß er die Weimarer Republik erlebte – als er so alt war wie wir jetzt? Er versteckte sich während der Straßenkämpfe, und er las die Mobilmachungen. Er hörte Hitler bei einem Aufmarsch reden, und er hörte die Bomber, als Hitlers Abgang anstand.
Es wird mir schwindlig bei dieser Vorstellung. Herr Michnik: ein Fossil, ein Zeitzeuge, ein leibhaftiges Foto aus dem Geschichtsbuch.
Immer noch zwei Meter groß und schwer wie ein Preisboxer, lag er jeden Morgen in seinem vollgepinkelten Bett. An der Wand hinter dem Bett hingen unzählige in einem fast hundertjährigen Leben zusammengetötete Trophäen von Rehen und Hirschen. Frau Michnik meinte dazu bloß: «Dieses widerliche Zeug werde ich gleich als erstes hinausschmeißen, wenn er es hinter sich hat!»

Ich zog Michnik jeden Morgen auf einen Toilettenstuhl, wobei ich mir beinahe das Kreuz abbrach. Wie der sich gegen die Behandlung wehrte! Er war blind wie ein Maulwurf und stocktaub. Deswegen erschrak er natürlich jenseitig, wenn ich ihn nur berührte. Manchmal schlug er ein bißchen um sich oder kratzte. Aber sobald er auf dem Toilettenstuhl saß, war er friedlich und freute sich, aus seinem Urin geholt worden zu sein.

Er hatte ja nur Angst.

Er wußte nicht, was mit ihm angestellt wurde. Noch war er es auch nicht gewöhnt, von einem Fremden gewaschen zu werden. Erst kürzlich wurde er bettlägerig, bis dahin reifte er putzmunter in sein biblisches Alter hinein. Jetzt war es nicht leicht, den zähen Knochen davon zu überzeugen, was gut und was schlecht für ihn sei.

Ich mußte ihm Kopfhörer aufsetzen, die mit einer Sprechanlage verbunden waren. Seine Frau hatte dieses Ding in Frankreich besorgen lassen, da es bei uns – weiß die Telekom wieso – verboten ist. Da grölte ich hinein, daß jedem normal hörenden Menschen das Trommelfell geplatzt wäre: «Hallo, Herr Michnik. Ich komme, um Sie aufzusetzen. Das wird Ihnen gefallen!»

Es schepperte und pfiff fürchterlich aus den Kopfhörern. Herr Michnik zuckte nicht einmal mit der Wimper, so taub war er.

Frau Michnik lachte jeden Morgen: «So, junger Mann, nun machen Sie mal Ihre Live-Reportage in sein Ohr, damit er merkt, daß er aufstehen muß!».

Ich lachte ebenfalls jeden Morgen.

Frau Michnik war einfach großartig.

Wenn der alte Knabe auf seinem Toilettenstuhl saß, bezog ich zusammen mit ihr das Bett. Sie hatte immer etwas Lustiges zu erzählen: «Mann-mann-mann, letztens hat er wieder ausgesehen wie aufgebahrt, der Vater!». Wir lachten. Sie plauderte gerne mit mir.

Nach dem Waschen zog ich Michnik an und fuhr ihn an die offene Verandatür. Da mußte er tief durchschnaufen, damit er vom ewigen Liegen kein Wasser in die Lungen bekam. Die

Katze strich ihm um die Beine und sprang ihm auf den Schoß, was er nicht bemerkte.

Einmal setzte ihm seine Frau eine Strickmütze auf, damit er sich nicht erkältete. Fünf Minuten später nahm sie ihm die Mütze wieder ab und sagte: «Ach, nein. Du darfst dich zwar nicht erkälten, aber doof aussehen mußt du deswegen auch nicht!».

Wir hatten immer einen Heidenspaß, wir zwei. Zwischendurch beugten wir uns zu Herrn Michnik hinunter und kontrollierten, ob er auch schön schnaufte.

Ansonsten redeten wir über das Leben.

Frau Michnik meinte, sie könne ja nicht klagen: «Er war ein guter Mann, hat mich immer ziehen lassen. Jetzt kann er schon von mir verlangen, daß ich auf ihn aufpasse.»

Trotzdem tat sie es widerwillig und kam sich alt vor, so eingesperrt zu Hause.

Michnik hatte seiner Frau viele Freiheiten gelassen. Du wirst sagen: «Oh, wie großzügig!»

Aber bedenke, daß diese Leute in einer anderen Zeit gelebt und geliebt haben. Da war es nicht selbstverständlich, daß die Frau alleine ausgeht, solange sie will.

Michnik aber drängte seine Frau stets, Kartenspiele zu erlernen und ins Theater zu gehen. Der raffinierte Fuchs wußte genau, daß er einst vor seiner Gemahlin das Zeitliche segnen würde. Er wollte, daß sie Kontakte knüpfte. Ein großer Bekanntenkreis sollte Frau Michnik auffangen, wenn er nicht mehr sein würde. Jetzt hielt sie es kaum aus daheim.

Die Sache mit ihrem Mann sah sie gelassen und sehr sachlich: «Ja, was soll man machen, nun ist er halt fällig!».

Klar, in so einem Alter – Frau Michnik ist auch nur fünfzehn Jahre jünger als ihr Mann – sehen manche Menschen die Existenz eben nicht mehr so hysterisch, eben reduziert auf das menschlichste Maß aller Dinge.

Frau Michnik akzeptierte den nahen Tod ihres Mannes, sie lehnte sich nicht mehr dagegen auf. Diese Eheleute verbrachten gemeinsam ihr Leben, und das Ende ihrer Gemeinsamkeit bedeutet für die Frau wenigstens noch Zeit, ins Theater zu gehen und Karten zu spielen. Es ist dies die Zeit, die sie bewußt alleine zu Ende leben will, bis auch der letzte Rest ihres Lebens aufgebraucht ist.

Ich glaube, sie hält das Leben für ein Theaterstück. Man kauft sich eine Karte, sieht sich das Stück an – und irgendwann ist Schluß, dann geht man halt.
Allerdings, daß der Arzt ihr ins Gesicht schrie: «Ja, was wollen Sie denn, den kriegen wir doch nicht mehr hin!» Und daß die Krankenschwester ihrem Mann ins Ohr schrie: «Es ist mir egal, ob Sie essen oder nicht. Sie sind jetzt sowieso nur noch ein Pflegefall!» – das fand sie unerhört und herzlos und nicht mehr zum Mitansehen.
Manche Rollen im Leben, die sind eben schlecht besetzt.

Nach dem Luftschnappen wuchtete ich Michnik wieder in sein Bett – immer wehrte er sich mit Händen und Füßen dagegen, aus Angst, weil er nicht begriff, was geschah. Als ich ging, nuschelte er meistens: «War schön!» und streckte seine Hand aus.

Doch es kam der Tag, an dem die Katze begann, Herrn Michnik zu meiden.
Sie schnurrte ihm nicht mehr um die Beine herum, sprang ihm nicht mehr auf den Schoß.
Es heißt, Tiere spüren ihn kommen, den Tod.
Es war dies der Tag, ab dem Herr Michnik sich nicht mehr gegen das Aufstehen wehrte.
Ich startete meine Durchsage mit dem Sprechgerät. Michnik mümmelte nur mit dem Mund und brachte ein zittriges «Haben Sie … Mitleid» heraus.
Ab diesem Tag ging es vollends schnell mit ihm. Immer schwächer, immer wehrloser, immer stiller wurde er. Morgen für Morgen.
Aber er hatte keine Schmerzen! Es war wirklich, wie man so sagt: Friedlich schlief er ein.

An jenem Abend war ich noch bei ihm.

Frau Michnik hatte Besuch von ihrer Tochter und ihren zwei Enkeln, ein Mädchen und ein junger Mann.

Sie saßen im Wohnzimmer an einem dieser Tische mit gehäkelter Decke. Eine Kerze brannte. Christstollen und Schokoladenkuchen lagen aufgeschnitten auf Silberplatten, in Porzellantassen dampfte der Kaffee, einladend, belebend. Heimelig war es.

Ich schüttelte allen die Hand, sagte: «Grüß Gott».

Die Enkelin, eine pubertierende dumme Kuh mit Klamotten aus den Siebzigern, Springerstiefeln und langen verfilzten Haaren, äffte mich nach: «Grüß Gott.»

Sie zwitscherte in einem affektierten süßlichen Ton, den sie wohl aus meiner Begrüßung herausgehört haben wollte. Sie fand mich wahrscheinlich gleich aufgrund meiner Arbeit ziemlich ätzend, so scheinheilig sozial oder was weiß ich.

Erst jetzt fiel mir auf, was an der idyllischen Kaffeekränzchenszene nicht paßte: Es lief ohrenbetäubende Punkmusik!

Frau Michnik machte einen etwas verwirrten, leicht überforderten Eindruck, der wohl auf das Konto des Lärms ging.

Der Enkelin warf ich einen bösen Blick zu.

Mir lag auf der Zunge: «Mein Kind, irgendwann liegst auch du mal in deiner Scheiße, bis oben hin an die Halskrause verschmiert. Und irgendwann schreist auch du mal nach jemandem, der dich da rausholt. Also dreh das Getöse ab, sonst knall ich dir eine!»

Ich sagte nichts.

Warum bin ich nur so harmoniebedürftig?

Ohne zu fremdeln setzte ich mich an diesen Tisch, weil ich mich kraft meines Amtes schon fast verwandt sah mit den Michniks.

Ich stopfte Christstollen und Schokoladenkuchen in mich hinein und trank Kaffee.

Dann sagte ich: «Heute haben Sie aber eine besinnliche Stimmung in Ihrem Haus, Frau Michnik.»

Die Tochter der Michnik verstand meine Anspielung sofort und schnauzte die Tussi an: «Ja, Mensch, jetzt mach doch mal die Weihnachtskassette rein!».

Die Tussi bockte: «Ach, nee! Warum muß ich eigentlich immer das machen, was Oma will?»

‹Weil du deine Oma nur einmal im Jahr besuchst und dich wenigstens dann ausnahmsweise aufführen könntest, wie es sich gehört›, dachte ich mir leider bloß.

Frau Michnik versuchte zwischen Tochter und Enkelin zu vermitteln: «Laßt doch, macht mir doch nichts aus!»

Jetzt richtete sich der junge Mann an seine Schwester: «Wir stimmen demokratisch ab. Wir alle sind für die Weihnachtskassette, also raus mit deinem Müll!»

War wohl ganz patent, ein ehemaliger Zivi, jetzt Student.

Nach dem Kaffeetrinken half er mir mit seinem Großvater. Dabei paßte er auf, daß ich den Alten nicht zu fest anpackte – was sich ja nicht vermeiden ließ bei seinem Gewicht, das leider nicht mit seiner Abwehr geschwunden war.

«Nein, laß doch die Fingernägel, die machen wir ein anderes Mal. Kämmen mußt du ihn doch auch nicht», so ging es an einem Stück fort.

Als ich ihm meine Anerkennung für seine Hilfe zollte, da meinte der Enkel bloß: «Mann, ist doch klar, daß ich dir helfe. Angehörige müssen das tun».

Schön wär's!

Die Tussi saß bestimmt noch nie an der Bettkante ihres Großvaters. So ist das nun mal: Es macht Arbeit, stinkt, ist zeitaufwendig, spielt keine Punkmusik und schert sich nicht um irgendeine alberne Mode aus den siebziger Jahren.

An jenem Abend war meine Pflege schneller beendet als je zuvor. Trotzdem war es eine anständige Arbeit. Der Enkel und ich, wir wußten noch nicht, daß wir Michnik in diesem Moment gemeinsam zur letzten Ruhe gebettet hatten.

Michnik mümmelte und hielt die Augen geschlossen. Er reagierte nicht, als ich ihm über die Wangen strich und brüllte: «Gute Nacht, Herr Michnik! Bis morgen!».

Ich verabschiedete mich mit Handschlag von allen – außer von der Tussi. Inzwischen lief Weihnachtsmusik.

◆◆◆

Am nächsten Morgen öffnete mir Frau Michnik mit gewohnt gelassenem Gesichtsausdruck – allerdings ganz in Schwarz gekleidet.

Ich war gut gelaunt, erkannte die Situation nicht und sagte fröhlich: «Guten Morgen.»

«Guten Morgen, mein Mann ist tot», erwiderte Frau Michnik in einem Atemzug, indem sie mir den Rücken zukehrte.

«Was?» fiel mir als einziges ein.

«Kommen Sie rein! Er liegt noch im Bett, ich hoffe das stört Sie nicht. Der Leichenwagen ist schon bestellt. Wollen Sie die restlichen Windeln für andere Patienten mitnehmen?»

Konnte nichts sagen. Kein «Beileid» oder so was.

Schlurfte benommen hinter der Frau her.

Fürchtete mich vor dem Anblick Michniks.

War wohl auch ein bißchen neugierig.

Es war halb so wild. Er sah aus wie schlafend, ein bißchen eingefallener vielleicht.

Um seinen Kiefer hatte Frau Michnik ein Tuch geknotet – damit er den Mund nicht aufsperrte. Sie hatte ihn zum Glück auch ganz gerade und ausgestreckt ins Bett gelegt. Das muß man tun. Wenn der Tote nämlich krumm im Bett liegt und so die Leichenstarre eintritt, dann rücken die Männer vom Bestattungsinstitut mit Eisenstangen an.

Damit brechen sie ihm die Knochen, um ihn in den Sarg zu kriegen. Das Bestattungsinstitut nennt sich hier «Trauerhilfe».

Frau Michnik drückte mir ein Paket Windeln in die Hand, sachlich bis zum Ende. Ich war immer noch sprachlos.

«Sie waren großartig, vielen Dank!» lobte sie mich zum Abschied.

Schon stand ich wieder auf der Straße.

Bewegung, Gestank nach Abgasen, Lärm, Farben, heulende Kinder, Frauen mit Einkaufstüten.

Leben!

Ein Autofahrer hupte wie wild und zeigt einem anderen den Vogel.

Als läge in diesem Haus kein toter Mann!

Ich setzte mich auf eine Parkbank, zündete mir eine Zigarette an und dachte an meinen toten Patienten.

Er hatte mich geschunden durch sein Gewicht und seine Angst, mir schier das Kreuz gebrochen. Ich hatte ihn gequält durch Gewasche und Gekämme, das er nicht mehr brauchte, weil der Tod keinen Unterschied zwischen dreckig und sauber macht.

Die Katze! Die Katze spürte es.

Die Zigarette war zu Ende. Ich schnippte sie weg, stieg ins Auto, klingelte irgendwann irgendwo zweimal und lächelte in ein mürrisches, runzliges Gesicht.

«Sie kommen heute aber früh!» wurde ich angeschnauzt.

An jenem Abend war nach mir noch jemand zu den Michniks gekommen: Der Doktor. Mit der Spritze! Eine entkrampfende Substanz, die den Schlaf fördern sollte. Das tat sie dann auch.

Ich tauche unter in einem Pulk schwarzgekleideter Menschen. Wie ein Schwarm Raben auf einem Herbstacker. Schüttle Hände.

«Das ist der junge Mann, der ihn gepflegt hat», höre ich jemanden sagen, der auf mich deutet.

«Aha, schon viel von Ihnen gehört», kommentiert ein anderer, der mich dabei gar nicht anschaut.

«Haben Sie?» frage ich.

Der, der schon so viel von mir gehört haben will, antwortet nicht, dreht sich vollends weg, schüttelt Hände.

Ich bin stolz darauf, hier zu sein, um mich von Michnik zu verabschieden. Ich versäumte, ihn zu berühren, als er tot im Bett lag. Ich möchte wenigstens ein bißchen Erde in sein Grab werfen.

Die dumme Tussi ist auch da – wieder in ihren Springerstiefeln. Ich widme ihr einen scheelen Seitenblick. Sie findet es bestimmt total geil, den Tod so hautnah zu erleben. So was sieht die doch auch nicht alle Tage, kann sie ihren Gruftie-Freunden erzählen. Lüstern guckt sie von einem Raben zum anderen, saugt die Atmosphäre gierig in sich auf.

Frau Michnik hat ganz verheulte Augen und irrt hilflos zwischen den Trauergästen umher. Sie schüttelt Hände und bedankt sich für das Erscheinen eines jeden.
Es sind sehr viele erschienen. So viele, daß der alten Frau schwindlig davon wird. Plötzlich sieht sie so klein aus, diese unternehmungslustige Oma, die immer so schnoddrig vom Siechtum ihres Mannes sprach.
Sie sieht so hektisch aus, so wirr.
Sie tut mir unendlich leid.
Vor allem weil sie Schuhe mit flaumigem Kunstpelz-Besatz trägt. Es sind zierliche Schühlein. Und der Flaum zittert bei jeder Bewegung der Großmutter wie Daunen im Luftzug. Die Schühlein, so adrett und fast noch modern, beweisen den tapferen Versuch Frau Michniks, sich ein bißchen schön zu machen für diesen Tag. Dabei passen die Schuhe überhaupt nicht zu ihr. Sie sind viel zu jugendlich und wirken deshalb etwas lächerlich. Es scheint, die Schuhe machen sie zum Gespött der Rabenschar.
Die Geschichte vom häßlichen Entlein kommt mir in den Sinn.
Ihr Mann ist ihr weggestorben.
Mich rührt das alles bis in den letzten Winkel meines Herzens.
Ich könnte heulen beim Anblick dieser Schuhe!

Der ganze Auflauf von Angehörigen und Freunden Michniks findet im Freien vor dem Leichenhaus statt.
Unter einem Vordach steht der Sarg, mit einem riesigen Blu-

mengebinde geschmückt. Es riecht süßlich und schwer. Wenn dir einfällt, daß dieses Aroma den Verwesungsgeruch übertrumpfen soll, wird dir schlecht.

Man friert unter der winterlich kalten Morgensonne.

Der Pfarrer guckt gediegen. Der grau uniformierte, blutarme Totengräber neben ihm guckt wahnsinnig.

Überhaupt die Uniform des Totengräbers: wie die eines Polizisten, aber feldgrau, grauenvoll bis zum Gehtnichtmehr. Auch hier wieder Schuhe, die nicht passen: schwarze Wanderstiefel, die nachher auf dem frischen Grabhügel festen Halt geben sollen.

Der Totengräber verschwindet im Leichenhaus, Musik setzt ein.

Per Knopfdruck hat dieser Anämiker in grauer Uniform Orgelklänge vom Band in Bewegung gesetzt.

Während das Band abläuft, falten alle ihre Hände vor dem Bauch und starren betroffen zu Boden.

Grotesk, wie alle irgendeine Würde bewahren wollen.

Nur welche?

Es blitzt!

Der, der schon so viel von mir gehört haben wollte, macht Fotos mit einer idiotensicheren Kamera.

Er knipst den Pfarrer, den Totengräber, den Sarg, die Rabenschar.

Schade, daß ich keine Kamera dabeihabe, um ihn zu fotografieren, wie er fotografiert an diesem Ort.

Ein Vaterunser wird gebetet.

Ich bete schon seit langem nicht mehr, bin aus der Kirche ausgetreten. Den Text des Vaterunsers aber, den kenne ich noch sehr gut. Wie ich allerdings vernehme, setzt hinter mir das Erinnerungsvermögen bei einigen aus.

Sie warten bei so manchem Vers, bis die Menge soufliert hat.

«Dein Reich komme, Dein Wille geschehe...»

Du mußt dir diesen singenden, versöhnlichen Tonfall eines Priesters auf einer Trauerfeier vorstellen, wenn er anhebt: «Ein Kirchgänger, das sei hier nicht verschwiegen, war der Verstorbene nie! Dennoch wird er von Gott mit Liebe aufgenommen werden, denn auch Herr Michnik fand Frieden in den Werken seines Schöpfers. Herr Michnik war ein großer Wanderer und ein begeisterter Jäger – na ja, das Jagen meine ich hier weniger bei Naturliebe, aber gewandert ist er und hat sich so an den Dingen Gottes erfreut...»

Der Totengräber verschwindet wieder im Leichenhaus, erneut ertönt Orgelmusik.

Aus dem Leichenhaus treten nun im Gänsemarsch hervor: vier Totengräber, alle mit denselben feldgrauen Uniformen und denselben schwarzen Wanderstiefeln. Was für ein Gruselkabinett!

Geklonte Totengräber, alle bleich, alle grau. Der erste guckt immer noch wahnsinnig. Der dritte hat den zweiten aus der Tür des Leichenhauses geschubst, worauf sich dieser noch schnell revanchieren will. Er möchte zurückschubsen, aber da ist es schon zu spät. Das Stichwort ist geliefert worden. Bühne frei für ihre Tragikomödie!

Die Ehrung des Toten – oder so was – gebietet es ihnen, ihre Bubeleien nach der Feier fortzusetzen. Der vierte Totengräber indes muß ein Lachen unterdrücken, weil seine zwei vorausmarschierenden Kollegen so lustig sind. Um sein Lachen im Halse zu behalten, kaut der vierte Totengräber stärker auf seinem Kaugummi herum. Blasen macht er keine damit – wahrscheinlich, weil er einen Vollbart besitzt und fürchtet, die klebrige Masse ließe sich schlecht aus den Haaren entfernen.

Man setzt sich in Bewegung, marschiert langsam hinter einem Karren her, auf dem der Sarg gerollt wird. Voraus der Priester, dann die Witwe, dann ich mit dem Enkel. Wohlgemerkt: Ich!

Ich, ein fremder Zivi, bin dem Toten das letzte Mal näher als alle Angehörigen.

Die Verwandten zieren sich und sind so gehemmt, als gelte es, eine Rede vor versammelter Mannschaft zu halten.

Der Enkel beugt sich zu mir herüber. Er fragt: «Hast du ‹Der Besuch der alten Dame› gelesen?»
Ich antworte: «Auch im Theater gesehen. Heute zum zweitenmal, glaube ich.»

Friedhofsbesucher, die gerade ihre Runde im Labyrinth der rechteckigen Beete machen, bleiben stehen, als unser Zug ihre Wege kreuzt. Manch einer zieht sogar seinen Hut.

Am Grab blitzt es wieder!
Motive gibt es genug: Kunstrasen, der um das Loch herum ausgelegt ist, viele Kränze, letzte Grüße und ein dekoratives, überdimensionales Holzkreuz mit Leiden Christi dran.
Der Totengräber mit dem Kaugummi sagt leise: «Hauruck!»
Der Priester murmelt: «Asche zu Asche, Staub zu Staub.»
Wenn die Toten hinabgelassen werden, ist es am schlimmsten.

Ich kämpfe trotz der Farce gegen die Tränen an.
Frau Michnik weint still, schüttet kraftlos drei Schaufeln Erde ins Grab. Dann tritt sie zurück.
Erst nach einer Ewigkeit formiert sich eine Reihe. Keiner will sich falsch verhalten, aber niemand weiß, wie man sich richtig verhalten könnte.
Manche bemühen sich, die Sache möglichst schnell zu erledigen. Sie schleudern die Erde mit einer wegwerfenden Bewegung ins Grab und stecken die Schaufel wütend in die Schale zurück. Andere sind ganz zittrig. Ihnen fällt die Erde auf die Schuhe, statt ins Loch. Einer stakst verkniffen hin, holzbeinig wie eine Marionette vor lauter Was-sich-gehört. Er übereignet dem Grab etwas Erde, dann steht er stramm, die Hände an der Hosennaht, und er verbeugt sich wie ein Soldat vor der Fahne.
Was für ein groteskes Pathos!

Ich versuche, nicht an Frau Michniks Schuhe zu denken.
Jetzt bin ich dran!
Hoffentlich fällt mir die Erde nicht von der Schaufel, ungeschickt wie ich manchmal bin.

Ich trete vor an den Rand des Loches, kann den Sarg aber nicht sehen. Nur wenig geht daneben.
‹Es wird vielleicht auch noch die Todesstunde uns neuen Räumen jung entgegensenden›, zitiere ich in Gedanken.
Ich erwarte einen dumpfen Aufprall der Erde, höre aber nichts.

Es beachtet mich niemand mehr.
Selbst Frau Michnik stolpert an mir vorbei.
Ein Glück! Ich will nicht «tut mir leid» sagen.
Das gelang mir ja auch nicht, als ich den Alten des Morgens ausgestreckt in seinem Bett vorfand, das Tuch um den Kiefer gebunden. Trauerhilfe!

Den Ausgang finde ich nicht gleich. Ich verlaufe mich zwischen den Gräbern. Hier goldene Lettern «Gelobt sei der Herr», da ein geschnitztes «Daheim», dort ein frischer, mit blanken Brettern gesicherter Aushub.
Daneben eine rostige Gießkanne.
Hohe Birken, blätterlos.
Schwarze Striche vor einem bleiernen Himmel, die kalte Sonne scheint fad hindurch. Ich schaue sie an und muß dabei nicht blinzeln.

Herr Michnik war der erste Tote, den ich je gesehen habe. Es war die erste Beerdigung, die ich je erlebt habe.
Ich werde ein Testament schreiben: Keine Musik vom Band, keine grauen Uniformen, keine Kaugummis, keine Fotoapparate, das soll mein letzter Wille sein.

Ich fahre zu meiner Wohnung, höre dabei laute Rockmusik aus dem Radio. Ich ziehe mich um. Es ist so unpassend, in Schwarz bei Patienten zu erscheinen.

Ich klingle zweimal.
«Wird aber auch Zeit», murrt der alte Mann, dem ich den Hintern waschen soll.

◆◆◆

Ich vermisse Dich wie nie zuvor!
Unter eine weiche Decke kriechen will ich mit Dir. Ich will mich
an Dir reiben, Dich riechen, Bauch an Rücken mit Dir liegen.
Ich will dein Herz schlagen fühlen. Ich will Dich festhalten.
Unsere Jugend will ich genießen.
Ich will leben, leben, leben!

_____ **S**eit längerem fahre ich nun schon in das Arbeiterviertel und besuche eine Krebspatientin, die so schwach ist, daß
sie ihren Körper nicht mehr bewegen kann.
Den ganzen Tag über muß sie genau so liegenbleiben, wie ich sie
zwischen den Kissen drapiere. Frau Hendrik kann nicht einmal
die Bettdecke lüften, die ihr zu schwer und schmerzhaft auf den
Leib drückt.

Morgens ißt sie ein Joghurt und trinkt ein Glas Wasser. Das ist
alles, was sie zu sich nimmt.
Zerberus meinte: «Frau Hendrik wird nicht vom Krebs aufge-
fressen werden, sondern verhungern!»
Und sie fügte hinzu: «Wenn es soweit ist, und Sie es sind, der
Frau Hendrik findet, dann schließen Sie ihr einfach die Augen
und benachrichtigen mich. Ich erledige dann den Rest.»

Weißt Du, Frau Hendrik ist vor zweiundzwanzig Jahren krank
geworden. Ich bin jetzt dreiundzwanzig Jahre alt. Das heißt, ihr
Vergehen hat so lange gedauert, bis ich so weit geworden bin,
sie zu pflegen.

Manchmal wird mir Frau Hendrik unter dem Waschen ohn-
mächtig. Ich dachte schon oft: «Jetzt ist es aus!»
Immer wieder sagt sie mit verdrehten, zur Decke gerichteten
Augen: «Ach, jetzt müssen Sie Ihre Zeit mit mir verschwen-
den... mit so einem alten Weib rumhocken.»
Ich lache dann traurig: «Ich komme doch gerne zu Ihnen.»

Und ich lüge nicht.

Ab und zu erscheint der Herr Professor, ihr Hausarzt. Er trägt einen Kaschmirmantel und darunter einen Anzug aus Seide. Draußen läuft der Motor seines Porsches. Er gibt Frau Hendrik nicht einmal die Hand, sondern grüßt aus sicherer Distanz: «Guten Abend, haben Sie heute schon Winde lassen können?»

Sie weiß es meistens nicht. Ich gebe die Antwort. Der Herr Profesor brummt: «Aha, das wollte ich wissen. Auf Wiedersehen.»

Spricht's und geht und kassiert ab.

Ich verdiene 11 Mark 30 am Tag, der Herr Professor kalkuliert in Minuten.

Der Herr Professor ist im übrigen ein Schwein. Ständig verspricht er Frau Hendrik einen schönen Drogenmix zum Einschlafen. Dann kriegt sie Valium. Mein Gott, da könnte er sich genausogut neben sie hinstellen und «La-Li-Lu» trällern!

Krebspatienten sterben häufiger aufgrund ihrer Schmerzen als aufgrund ihrer Zellveränderungen. Ja, sie sterben vor Schmerzen!

Die Frau braucht Morphium, doch der Herr Professor besteht darauf, daß sie davon süchtig würde.

Ihre Tochter, eine patente Person, die sich sehr liebevoll kümmert und ungeheuer viel Zeit opfert, zeigte mir neulich ein Foto von ihrer Mutter aus jüngeren Jahren. Diese Aufnahme! Frau Hendriks Kopf war rund wie ein Fußball. Aufgeschwemmt und lebenslustig sitzt sie an einem Tisch, einen ebenso dicklichen Mann unter die wulstigen Oberarme geklemmt, feuchtfröhlich.

Was dieses Bild erzählt von Wirtschaftswunder, von VW-Käfer und falschen fünfziger Jahren! Die Flüchtlingsbaracke hatte dem aus der Wohnungsnot lieblos geborenen Arbeiterviertel Platz gemacht. Nach und nach waren auch die hohlen Wangen, die den Ängsten des Krieges ein Gesicht verliehen hatten, unter den anbrandenden Freßwellen verschwunden. Das Feldbett wanderte auf den Sperrmüll, der Nierentisch kam her.

Jetzt ist meine Patientin gezeichneter denn je. Abgemagert, daß ihre Knochen unter der dünnen Haut durchscheuern. Selbst der Gummizug der Pyjamahose tut der Alten weh, weil sie ja dauernd drauffliegt.

Im Arbeiterviertel wird bald eine Wohnung frei werden. Ja, und der Nierentisch, der wird bald mir gehören.

Die Tochter zog mich eines Tages in die Besenkammer und flüsterte: «Suchen Sie sich was aus, wir müssen uns sowieso bald darum kümmern. Den Fernseher? Den Sessel? Den Nierentisch?»

Ich fühlte mich plötzlich unglaublich schlaff. Dabei verstand ich die sachlichen Überlegungen der Tochter völlig. Es muß ja doch getan werden! Ein Leben geht dahin, die Besitztümer werden verschleudert – was bleibt?

Ich wußte zunächst nicht, was sagen. Dann nickte ich: «Ja, danke, vielleicht den Nierentisch.»

Ich drückte der Sterbenden mit zwei Fingern die Hand: «Auf Wiedersehen, bis morgen. Ich wünsche Ihnen eine gute, schmerzfreie Nacht.»

«Danke», kam es ganz dünn unter der Bettdecke hervor.

Frau Hendrik weinte.

Mir stieg die Schamesröte ins Gesicht.

Zerberus wird ihr einen Blasenkatheter legen, damit sie nicht mehr in die Windeln machen muß. Der Urin läuft durch den in die Harnröhre gesteckten Schlauch in einen Beutel. Dann werden wir eine Strichliste führen. Es ist eine Tabelle mit zwei Spalten. In der einen Spalte steht auf den Milliliter genau, wieviel Flüssigkeit Frau Hendrik trinkt. In der anderen Spalte steht, wieviel sie ausscheidet.

Normalerweise wechseln wir die Katheter alle drei Wochen. Das wird bei Frau Hendrik nicht mehr nötig sein.

Wie wohl der Mann war, den meine Patientin auf dem Foto unter ihre dicken Oberarme klemmt?

Dem Krebs zum Verzehr angerichtet ist Frau Hendrik in einem Ehebett, dessen Stirnende ein großes Holzkreuz ziert. Bezogen freilich ist nur die eine Hälfte des Bettes – ihre Hälfte. Der Mann legt sich schon seit Jahren nicht mehr zu ihr hinein. Kühl türmen sich neben der Frau die abgezogenen Kissen, auf denen niemand mehr schnarcht, die nackte Daunendecke, unter der niemand mehr mit seinen Zehen die ihren reibt. Sie ist so einsam.

Weißt Du, inzwischen rieche ich ja nicht mehr die Exkremente, die Wunden und den Schweiß. Ich bemerke dagegen die Haushaltsgerüche und nehme sie ganz bewußt und analysierend in mich auf. In jeder Wohnung riecht es anders. Nicht nach Essen, nicht nach Waschmittel, nicht nach Gelüftet oder Ungelüftet, sondern – nach Nest!
Das Nest, das ist das, was ein Mann und eine Frau in den Jahrzehnten ihrer Zweisamkeit geschaffen haben. Kinder gehören eine Zeitlang auch dazu. Aber erwarte nicht, daß sie dich einst pflegen, so wie du sie einmal gehegt hast.
Ahnst Du überhaupt, was eine Pflege kostet?
Neunhundert Mark im Monat – nur für Waschen und Anziehen. Dann brauchst du noch Essen und Medikamente, Verbandsmaterial und jeden Morgen ein frisches Laken, weil du nichts mehr halten kannst!
Oder du wirst gleich in ein Heim gesteckt – für monatlich 5000 Mark aufwärts.
Deine Kinder haben inzwischen eigene Nester. Die Kosten, die du verursachst, sägen am Ast, auf dem diese Nester gebaut sind. Und du bist nur noch lästig!
Die Liebe der Kinder hält nicht, sie ist zu schwach, sie verstoßen dich. Sie können sich nicht dazu überwinden, dein Sterbezimmer zu betreten – zu streng sind deine Ausdünstungen geworden. Zuviel fällt ihnen ein bei diesen Gerüchen: deine Bevormundung, deine Ungerechtigkeit, deine Fehler an ihnen.

Allein dein Mann, allein deine Frau hält zu dir bis zum Schluß.
Dein Mann ekelt sich am Ende nicht vor deinem Geschmack, weil er dich ein Leben lang geschmeckt hat. Deine Frau ekelt sich in schlechten Zeiten nicht, deine Exkremente wegzuräumen, weil sie dir auch in guten Zeiten ohne Ekel wegwischen half, was ihr zusammen ausgeschieden habt.
Er ist natürlich und sinnlich, der Nestgeruch.

Zusammen alt werden, das ist das höchste.

◆◆◆

Greiner hat den Krieg nicht nur durchgemacht, Greiner hat den Krieg geführt.
Herr Greiner, der siezt gelegentlich seine Frau – er erkennt sie nicht mehr. In so einem Fall lebst du mit einem fremden Mann zusammen. Er erinnert sich nicht mehr an eure gemeinsamen Erlebnisse, er vergaß eure Geschichte. Es ist, als wärst du verwitwet.

Der Mann ist über neunzig Jahre alt, seine Frau ist 88. Beide sind schwer gehbehindert und hocken sich im Wohnzimmer in ihren Rollstühlen gegenüber. Da rutschen sie auf der Stelle vor und zurück und langweilen sich.
Die Frau ist geistig voll da, kann jedoch so gut wie gar nichts mehr sehen. Sie ist Diabetikerin, das hat sie zu achtzig Prozent blind gemacht.
Aber seltsamerweise schaut sie mir immer direkt in die Augen, wenn wir miteinander reden, so intensiv, daß ich ab und zu auf den Boden gucken muß. Dabei kann sie mich doch eigentlich nur als Schatten wahrnehmen!

Frau Greiner wirkt auf mich wie eine gealterte Amazone, die nicht bereut, sich in jüngeren Jahren eine Brust versengt zu haben, um besser mit dem Bogen schießen zu können. Sie ist eine Kämpferin, eine Walküre, Brunhild, nicht mehr unterzukriegen vom Leben – nur noch von ihrem Mann.

Greiner war Wehrmachtsoffizier.

Er ist Träger des Eisernen Kreuzes. Es hängt, bekränzt mit Eichenlaub, im Flur neben einem Dolch mit Troddeln dran.

Überhaupt ist Greiners Hang zum Martialischen dem Haus deutlich abzulesen: Die Skizze eines Flakgeschützes hängt Seite an Seite mit einem Ölgemälde Bismarcks. Die Reichskriegsflagge steht als Tischwimpel auf dem Bücherregal, flankiert von einem verblichenen Stahlhelm und einer blankpolierten Sturmhaube mit Pickel obendrauf.

Es gibt auch Fotos: Der junge Greiner vor einem Panzer, mit schweinsledernen Stiefeln bis rauf zum Knie, die Beine gespreizt, eine Reitpeitsche in der Hand. Der junge Greiner hemdsärmelig, im Kreis seiner Untergebenen, die ihn devot anhimmeln. Der junge Greiner im Profil, mit dem kühnen, leidenschaftlichen Blick des Unbesiegbaren.

Auf Fotos von damals wirkt der Mann wie eine Heldenstatue.

Frau Greiner fürchtet sich vor der Aggressivität ihres Gatten, die hin und wieder urplötzlich ausbricht. Frau Greiner ist vorsichtiger geworden. Sie schimpft ihren Mann nie, sondern wählt mit Bedacht den verzeihenden Tonfall einer antiautoritär erziehenden Mutter, wenn er mal wieder sonderbar wird.

Durch ein Beruhigungsmittel – auf rein pflanzlicher Basis – wird Greiner friedlich. Ich schütte ihm jeden Abend hundert Tropfen davon in seinen Tee.

Frau Greiner zahlte jahrelang Beiträge für den Malteser Hilfsdienst, aber als sie die Organisation schließlich für die Pflege ihres Mannes benötigte, hieß es: «Aha, jetzt kommen sie also angekrochen, die Herren Offiziere!»

Frau Greiner spuckte daraufhin aus und ging wortlos von dannen. Sie wandte sich an unseren Altenpflegeverein.

Greiner war Befehlshaber und kein Kanonenfutter. War er ein Schinder, oder hat er seinen Soldaten das Vergewaltigen von russischen Frauen verboten?

Vielleicht war er ein Schwein. Ich weiß es nicht.
Ich sehe nur noch einen alten senilen Hosenscheißer vor mir.

◆◆◆

Weißt Du: Mein Opa war im ganzen Landstrich der einzige, der
ein Motorrad fuhr!
Es ist wie im Schwarzweißfilm.
Das Sudetenland, Mitte der dreißiger Jahre: im Wind sich wie-
gende Getreidefelder, keine Strommasten, keine Eisenbahn,
keine Straßen.
Abends auf dem Bauernhof, auf dem meine Oma als Magd gehalten wird, knattert es. Der Opa kommt!
Oma steigt hinten rauf und ist gerade mal sechzehn Jahre alt. Es
riecht nach Sommer.
Du siehst die beiden den Feldweg entlangholpern. Oma klammert sich an Opas Hüfte fest, ihre Haare wehen lustig im Fahrt-
wind. Opas Schal flattert. Irgendwann halten die beiden an, unter einer gesunden, großen Linde vielleicht. Oder an einem
Bächlein. Sie sind jung und vergnügt, und sie lieben sich. Sie
sind frei, trotz des kargen Lebens, trotz ihrer Leibeigenschaft.
Wenn Opa mit dem Motorrad kommt, dann sind ihre Körper
ihr eigen. Sie verschenken sich nur noch gegenseitig in diesen
flüchtigen Stunden.
Dann kommt die Wehrmacht.
Ein Offizier – war es Greiner? – konfisziert das Motorrad, fährt
damit erhaben seine Frontlinien ab. Opa nimmt er auch gleich
mit und läßt ihn in einem Schützengraben für Führer, Volk und
Vaterland abkratzen.
Oma bleibt im Bauernhaus am Spinnrocken zurück, und abends
knattert niemand mehr vor der Tür.
An der Tür hängt bald ein Anschlag: Das Haus ist innerhalb von
zwanzig Minuten zu räumen, höchstens zehn Kilogramm
Handgepäck dürfen mitgenommen werden, die Schlüssel müssen außen steckenbleiben, ansonsten wird standrechtlich erschossen. Überall im Ort prasseln die Flammen, und es schreien
die vergewaltigten Frauen.

Oma wird vertrieben und verachtet.

Die Russen haßt sie heute noch dafür.

Und stell Dir mal vor: Als sie in unserem Kaff als Flüchtling ankommt, sagen die Leute dort: «Wie kann man nur seine Heimat verlassen?»

Ihre Stadt kriegte während des Krieges gerade mal eine einzige Bombe ab – die fiel auch noch auf freiem Feld, aus Versehen verloren von einem amerikanischen Bomber, der nach Stuttgart unterwegs war.

Die Leute hatten gar keine Ahnung, was abging!

Nur einmal fragte ich Oma nach jenen Jahren, weil wir im Geschichtsunterricht einen Film gesehen hatten. Da beschrieb sie, wie sie vom Horizont her das Geräusch der Bomber-Armada gehört hatte. Sie trat vor das Haus. Es klang nach Hummeln. Sie sah kein einziges Flugzeug, hörte nur. Dann fuhr sie nicht mehr fort in ihrer Erzählung. Eine einzige winzige Träne kullerte ihr die Wange hinab. Eine einzige nur!

Ich fragte sie nie wieder nach ihren Erlebnissen von damals.

Als die Flucht zu Ende war, heiratete sie noch einmal – Grund genug für den Pfaffen, ihr kein einziges Care-Paket zu schenken. Kurz zuvor war er noch mit dem Hitlergruß vor seinem Altar gestanden – dieses Stück Dreck!

Auch meinen zweiten Opa lernte ich nie kennen, weil er früh erkrankte und starb.

Als meine Oma meiner Mutter und meinem Vater ein gemeinsames Zimmer einrichtete, noch bevor sie verheiratet waren, kam eine kirchliche Untersuchungskommission ins Haus und ermittelte wegen Kuppelei. Doch die Aasgeier Gottes flogen gleich in hohem Bogen raus. Wie überhaupt jeder rausflog, der bei meiner Oma angeschleimt kam. Mutter und Vater sollten es einfach besser haben als Oma, der sie die Jugendliebe zerschossen und verbrannt hatten. Sie wußte ohne Bitterkeit nach vielen Jahren immer noch um die Bitternis der jungen Liebe.

◆◆◆

Ist das ein Kampf jeden Abend, wenn ich Greiner in seinem Rollstuhl ins Bad fahren will! Allein um ihm die Brille abzuschwatzen, braucht es Nerven wie Drahtseile. Und kaum hat er sie auf den Tisch gelegt, nimmt er ein Vergrößerungsglas und beäugt sie.

«Was is'n das?»

«Das ist Ihre Brille!»

«Ja, wieso?»

«Wie soll das nicht Ihre Brille sein, Herr Greiner?»

«Vorher hab' ich im Tee schon…»

«Was denn?»

«Mmh?»

«Was ist mit Ihrem Tee?»

Eine Unterhaltung zwischen Ochs und Esel.

Auf dem Weg ins Bad fährt er fort mit seinen Zicken. Er bremst mit den Füßen und krallt sich am Türrahmen fest. Manchmal beschreibt er dann mit dem Zeigefinger Skizzen an der Tapete und grummelt: «Ich habe schon einmal gesagt, daß wir eine Aufstellung machen sollen. Hier ein Strich und da ein Strich, für jede Division einen, und drunter die Namen aller Angehörigen, damit man weiß, wer von wo kommt!» Dann lacht er hemmungslos, so daß ihm das Gebiß aus dem Gesicht fällt. Grausig!

Beim Waschen macht er keine Probleme. Nur manchmal, da zieht er sich seine verpißte Unterhose als Mütze über den Kopf. Das stört mich allerdings wenig.

Im übrigen darf außer Kernseife nichts an ihn ran. Parfümierte Essenzen sind seiner Meinung nach «Getüdel» und nur was für Frauen. Er tut überhaupt so eisern, dieser Kauz.

Dabei ist er wasserscheu. Wenn ich ihn untenrum schrubbe, seufzt er ungeduldig und täuscht Schmerzen vor, damit ich ihn in Ruhe lasse.

Gerne pinkelt er just in dem Moment, in dem ich ihm die Windel herunterziehe. Das heißt für mich: Boden aufwischen!

Ab und zu macht er mir auch ohne Vorwarnung über die Hand. Na ja, er spürt halt nicht mehr, wenn es kommt. Oder er macht das mit Absicht, um mich zu terrorisieren. Die Macht der Exkremente, manche Patienten wissen sie zu nutzen, selbst wenn sie keine bewußte Kontrolle mehr darüber haben.

Die Narbe an seiner Schulter stammt von einem russischen Querschläger. Greiner gab mir die genaue Bezeichnung der Waffe inklusive Kaliber.
Manchmal juckt ihn die Narbe. Dann muß ich sie ihm kratzen, was ihm die glücklichsten Laute entlockt.

Von Zeit zu Zeit ist Greiner die ganze Wascherei lästig: «Ja, meinen Sie vielleicht, während vier Jahren Rußland hat man so ein Brimborium veranstaltet?» schreit er bei solchen Gelegenheiten. Ich antworte. «Ja, da waren Sie auch noch nicht über neunzig Jahre alt!»
«So, meinen Sie? Dann lassen Sie sich mal von meiner Frau Hosenträger geben... oder wie das heißt!»
«Warum das denn?» frage ich ihn.
«Und krumme Ellenbogen und was sonst noch zu tadeln ist», präzisiert er seine Ausführungen.

Greiner kann wirklich sehr drollig sein. Aber leider auch verdammt ekelhaft. Einmal haßte ich ihn sogar abgrundtief, den Herrn Offizier, der langsam angekrochen kam, weil er gepflegt werden mußte.

Ich rangierte ihn im Rollstuhl Richtung Bad.
Er krallte sich überall fest, wo er nur Halt fand. Er mäkelte am verrutschten Teppich herum, an einem Vorhang, der nicht richtig zugezogen sei, und er wollte Divisionspläne auf die Tapete skizzieren. Bis dahin war ja noch alles wie an jedem Abend.
Doch plötzlich schrie er: «Halt mal!»
Er bremste mit seinen Füßen.
«Herr Greiner, Sie sind ja gleich fertig, wenn Sie nur schön mitmachen», versuchte ich ihn zu überzeugen.

«Halt!» schrie er nur wieder.

Und als ich ihn dennoch weiterzerrte, sammelte er all seine Kräfte und schrie erneut, so laut und brutal, daß ich erschrak: «Halt hab ich gesagt, Herrgott noch mal! Ich bin hier der, der das Sagen hat, und du bist mein Diener! Hast du das verstanden, Junge? Ich bin ein Frontsoldat! Donnerwetter! Halt!»

Dieses eine Mal schrie er nicht so, wie sonst ein alter Mann schreit, der die Lautstärke seiner Stimme nicht mehr regulieren kann. Dieses eine Mal schrie er wie ein Nazi! Es war der Tonfall eines Unmenschen, des Herrenmenschen, des gestiefelten Kulturbewahrers mit der Reitpeitsche in der Hand.

Kurzentschlossen wuchtete ich ihn gegen seinen erbitterten Widerstand ins Badezimmer. Ich klatschte ihm einen nassen Waschlappen ins Gesicht und sagte ganz ruhig. «Wenn das so ist, mein Herr, dann machen Sie das doch bitte alleine! Ihr ergebenster Diener!»

Der Waschlappen rutschte ihm vom Gesicht auf die Brust. So ließ ich ihn sitzen.

Frau Greiner nickte und zog die Schultern hoch: «Was soll man machen?»

Ich stemmte meine Hände in die Hüften und drehte mich wütend zum Bad um. Jetzt hatte ich das Sagen!

Doch was ich sah, stimmte mich sofort sanft.

Da saß dieser Greis in seinem Rollstuhl, allein gelassen mit dem Chaos in seinem Kopf. Er versuchte krampfhaft, eine Hand in den Waschlappen zu zwängen. Ein paar Finger brachte er unter, dann rutschten sie wieder raus. Er zitterte vor Anstrengung am ganzen Leib und probierte es immer wieder vergeblich.

Er schaute zu mir herüber, hilflos wie ein Neugeborenes.

Er probierte es noch einmal, und da fiel ihm der Waschlappen endlich auf die Fliesen. Greiner wollte sich bücken, konnte den Oberkörper aber keine zehn Zentimeter weit bewegen.

Schon stand ich neben ihm, hob den Waschlappen auf. Schweigsam wusch ich ihn, auch er sagte keinen Ton. Ich glaube, er hatte den Vorfall schon wieder vergessen.

Zum Schluß verabschiedete ich mich wie immer mit Handschlag. Er strahlte über das ganze Gesicht. «Auf Wiedersehen. Grüßen Sie mir Ihre Frau Mutter schön!»

◆◆◆

Frau Greiners durchdringender Blick, vor dem ich mein Haupt senken muß!

Er mag ja nur angestrengt sein, weil sie nichts sieht. Aber wenn sie dir ins Gesicht schaut, denkst du nicht an ihre Blindheit, sondern an einen festen Charakter, der sich nicht scheuen muß, andere Personen direkt zu fixieren.

Ich mußte es loswerden: «Frau Greiner, ich bewundere Sie!»

«Nein! Es ist schlimm, wenn man alt wird!» erwiderte sie bitterernst.

Ich wollte sie aufmuntern und sagte: «Ach was! Ich kann mir nicht vorstellen, daß ich mal so fit sein werde in Ihrem Alter. Ja, ich kann mir nicht einmal vorstellen, überhaupt so alt zu werden wie Sie.»

Sie faßte nichts an meinen Worten als Kompliment auf. «Wissen Sie, mit zwanzig haben wir auch noch gedacht, das Alter bliebe uns erspart!»

Und einmal sah ich sie richtig zerstört – erst da begriff ich, daß selbst Brunhild nicht unbesiegbar ist.

Es dauerte an jenem Abend ungewöhnlich lange, bis die Haustür endlich aufging. Frau Greiner schaute mir zwar ins Gesicht, aber ganz seltsam verwirrt. «Mir geht es heute gar nicht gut. Mein Herz flattert so», sagte sie gebrochen.

Ihre schwachen Augen konnten das Herzmittel nicht erspähen. Vergeblich suchte auch ich nach dem Präparat, denn alte Leute horten ja Hunderte von Schachteln, Tuben und Gläser mit Pillen, Salben und Tropfen. In diesem Durcheinander war nichts zu finden.

Frau Greiner setzte sich aufs Sofa und legte die Beine auf den Teetisch, was sie unter normalen Umständen nie vor mir getan hätte. Schwer ging ihr Atem, und ihre Augen waren von schwarzen Schatten verhangen.

Ihr Mann sortierte derweil die Gegenstände, die auf dem Eßtisch standen: ein Bierglas, zwei Messer, ein Vergrößerungsglas und eine Untertasse.

Er sortierte diese Dinge immer wieder, mit einer Gelassenheit und Konzentration, wie sie sonst nur Kinder beim Spielen haben können.

Frau Greiner sagte angestrengt: «Ich bat ihn schon einmal, mir mein Herzmittel zu bringen. Ich konnte mich nicht mehr rühren, so wie jetzt. Ich dachte, mein Ende sei da. Und was bringt er mir? Eine Klopapierrolle!»

Ich rief sofort den Hausarzt.

Gegen ihren Willen im übrigen, denn sie wollte den Doktor nicht in seiner Abendruhe stören. Um ein Haar wäre Frau Greiner deswegen selber zur Ruhe gekommen. Zur letzten Ruhe.

Der Arzt maß ihren Blutdruck: 280 zu 170.

Das bedeutete schon fast den Exitus.

Der Doktor war bestürzt: «Diese Nacht hätten Sie nicht überlebt!»

Frau Greiner erwiderte nichts, ich verdrückte mich.

Erst am nächsten Tag dankte mir Brunhild, daß ich am Vorabend den Arzt alarmiert hatte. Sie war wieder voll auf dem Damm und strahlte: «Das war knapp gestern. Sie haben mir das Leben gerettet. Ich möchte Ihnen was schenken!»

Es war eine Banane.

Sie war schon ganz faulig und schwarz.

Ich sagte: «Oh, vielen Dank.»

Und warf sie in den nächstbesten Mülleimer.

Gute Nacht!

—————— DU!

—————— Es war vor sechs Jahren, zu der Zeit, als ich so viel lernen mußte. Der Kopf tat mir weh von endlosen Zahlenkolonnen, idiotischen Fachausdrücken und tödlich langweiligen Gesetzestexten...

Wie konnte ich auch jemals auf die Idee kommen, Bankkaufmann zu werden? Gut, ich war vierzehn Jahre alt, als ich mich entscheiden sollte, fünfzehn, als ich mich bewarb und sechzehn, als ich den Ausbildungsvertrag unterschrieb. Da war ich einfach noch zu jung und so was von unerfahren, daß ich es heute gar nicht mehr glauben kann.
Dann der Druck, weil ich meine Krawatte nicht mochte.
Dann dieser zermürbende, stumpfsinnige Büroalltag. Während ich mich hinter dem Bankschalter verleugnete, sah ich drei Jahre lang sehnsüchtig mit an, wie die Gymnasiasten mit ihren Schultaschen zu den Bushaltestellen schlenderten. Ich beneidete sie um ihre Jeanshosen, um ihre langen Haare und ihre gute Laune. Das Gymnasium wurde zu meinem Wunschtraum.
Drei Jahre lang stand ich jeden Tag mit Magenschmerzen auf und steckte mir meine Krawatte in die Hosentasche, um sie mir erst kurz vor dem Eingangsportal der Bank um den Hals zu schlingen.
Ich wurde dünner und blasser und kränklicher.
Meine größte Angst, durch die Abschlußprüfung zu fallen.
Keine Minute länger wollte ich mein Dasein als Banker fristen.
Also lernte ich wie ein Idiot in mein Kurzzeitgedächtnis hinein – und davon bekam ich diese Kopfschmerzen!

...Ich gebe zu, es war auch ein bißchen Eitelkeit mit im Spiel. Ich dachte, eine Brille stehe mir ganz gut, verleihe mir ein intellektuelles Flair. Das fand ich passend für den anstehenden Besuch des Gymnasiums. Schwache Augen statt Schwielen an den Händen, das wäre was für mich gewesen!

Also ging ich zum Augenarzt und sagte: «Mein Kopf tut weh, ich glaube, das kommt von den Augen. Ich brauche eine Brille!»

Der Arzt träufelte mir eine Flüssigkeit auf die Pupillen, damit sie sich weiteten. So hatte er einen besseren Durchblick. Mich aber machte diese Flüssigkeit blind. Ich sah alles wie durch einen Tränenschleier hindurch, als ich – einer Brille für unwürdig befunden – wieder nach Hause geschickt wurde.

Ich taumelte über das Kopfsteinpflaster des Marktplatzes, war hilflos, konnte mich kaum orientieren, rieb mir vergeblich die Augen – und rannte Dich dabei über den Haufen!

«Oh, Entschuldigung!»

Du sagtest: «Macht doch nichts!»

Wir tranken einen Kaffee zusammen.

Es war wie im Film, von Anfang an.

Ich kannte Dich vom Sehen.

Das heißt, ich kannte Deine vorpubertäre Larve.

Meine Güte, noch ein Jahr vor unserem Zusammenprall auf dem Marktplatz warst Du winzig gewesen! Du trugst strohblonde Kleinmädchenzöpfe, die Dir links und rechts vom Kopf abstanden. Tag aus, Tag ein hattest du eine rosafarbene Windjacke an. Du warst flach wie ein Brett. Du kichertest andauernd, zusammen mit einer dicken, pickligen Freundin. Ich dachte: Mein Gott, was ist das bloß für eine blöde Gans?

Einmal sah ich Dich in der Fußgängerzone auf einem Pony sitzen. Der Zirkus gastierte in der Stadt, und die Artisten waren mit ihren Tieren gekommen, um sich Geld für Futter zu erbetteln. Du saßest auf diesem Pony und strahltest über Dein ganzes Gesicht.

Du warst stolz und glücklich.

Gleichzeitig pißte dieses Vieh auf den Gehweg.
Diese Szene werde ich nie vergessen.

Doch die Zeit, zu der Du noch doof kichertest und auf pissenden Pferden saßest, war lange vorbei, als wir uns in die Arme rannten. Die Larve war verschwunden und herausgeflattert kamst – Du!
Du!
So sah ich Dich durch meine verschleierten Augen im Café sitzen: Minirock, hochhackige Schuhe, enges Oberteil, lackierte Fingernägel.
Du warst sechzehn Jahre alt und sprachst in einem rauchigen, abgeklärten Tonfall mit mir.
Aber Du warst einsam, hattest keinen Menschen.
Die dicke, picklige Freundin von früher war schon lange nicht mehr Deine Art von Umgang.

Es kam der Tag meiner Abschlußprüfung. Ich bestand. Doch mit wem sollte ich feiern? Mit Dir. Nie hätte ich geglaubt, daß Du meine Einladung annimmst, eine Flasche Champagner mit mir zu trinken. Ich sang den ganzen Tag über vor mich hin, das war die Vorfreude.
Dann kam der Abend.
Wir lagen auf meinem Sofa.
Du küßtest mich.
Was ich hinterher sagte, schriebst Du Dir auf: «Es ist, wie hilflos einen Fluß hinunterzutreiben. Du willst dich irgendwo festhalten, an Treibgut, an anderen Menschen, denen es genauso ergeht wie dir. Du denkst schon, du bist einsam, weil da niemand ist, doch da treiben tatsächlich noch andere. Aber wenn sich zwei, die treiben, mal festgehalten haben, dann lassen sie sich nicht mehr los, aus Angst, wieder einsam zu sein.»
Du hast mir auf diesem Sofa vor Augen geführt, daß es einen Unterschied zwischen Alleinsein und Einsamsein gibt. Allein bin ich jetzt im Moment in meiner Wohnung, während ich dies schreibe. Aber ich bin nicht einsam, weil ich Dich auf dem Planeten weiß.

Es war, als hättest du damals einen Vorhang zur Seite geschoben, der mir bis dahin den Blick verhangen hatte.
Was waren das für berauschende Nächte!
Ich wurde noch einmal in einen neuen Körper hineingeboren.
Ein neues Leben brach an.

Erst später gestandest Du mir, daß ich eigentlich nur ein Abenteuer werden sollte. Du wolltest mich in Deiner Trophäensammlung abhängen.
Aber so leicht kamst Du nicht von mir los.

Dann Silvester in Paris!
Deinen Eltern erzähltest Du, daß wir in Paris das erste Mal miteinander schlafen würden. So weit waren sie inzwischen, daß sie das in Ordnung fanden. Sie genehmigten die Reise – und wir machten es im Doppelbett unseres Hotelzimmers, noch bevor wir die Tür hinter uns geschlossen hatten.
Wie glücklich wir waren!

Doch dann entwickelten sich die Dinge bei uns anders.
Du kamst in mir zur Ruhe. Mein Trieb jedoch wurde durch Dich erst erweckt – und das Wollen machte mich zum Rutengänger auf der Suche nach Quellen der Befriedigung, immer meiner Rute nach.
Ich entwürdigte mich gründlich dabei.
Ich wollte mich beweisen, und ich lernte schnell.
Als ich aber diese fremden Körper mit ihren fremden Feuchtigkeiten in meinem Bett vorfand, empfand ich nur noch Ekel – vor mir selbst.
Nie Dich, immer nur die anderen betrog ich.
Trotzdem littest Du in dieser Phase.
Einmal, unter dieser uralten Linde am Ortseingang, fragtest Du: «Was ist los? Willst du weg von mir? Dann sag es!»
Eine Antwort konnte ich Dir nicht geben.
Ich getraute mich nicht zu sagen: «Ich liebe dich.» Zu groß war die Angst vor dem Verbindlichen dieser Worte.

Wir gingen zusammen aufs Gymnasium. Endlich das Gymnasium.
Doch bis auf Dich war es eine einzige Enttäuschung.
Eine Lernfabrik.
Ein Lehrer, für den wir alle ans Fließband gehörten, weil wir zu blöd seien für ein Gymnasium.
Ein anderer, der uns «Schülermaterial» nannte.
Und Schüler, die an solchen Äußerungen nicht das geringste auszusetzen hatten.

Verblaßt war der Traum von Freiheit, den ich träumte, als ich noch hinter dem Bankschalter stand.
Was man sich alles einbildet!
Wie viele Träume einem genommen werden!
Jahr für Jahr sterben die Illusionen, erweisen sich Hoffnungen als Irrtümer – das nennt der Mensch dann Erwachsenwerden.

In uns ist während der Schulzeit etwas gestorben.
Als alles vorbei war, waren wir müde.
Wir wollten nur weg, weg, weg!

Wir zogen aus, um die wahre Provinz – die im Kopf ist – für immer hinter uns zu lassen. Wir wollten lernen.
Ich zum Beispiel weiß jetzt, daß ich mehr von Dir haben will, als über tausend Kilometer Entfernung möglich ist.

Ich halte es kaum mehr aus bis zu Deinem Besuch!
Es sind noch genau zwölf Tage und dreieinhalb Stunden, bis Du von Charles de Gaulle abhebst, um mir entgegenzuschweben.

Du sagtest einmal, daß Du auf keinen Fall mit mir unter einem Dach leben könntest. Du meintest, mich zu heiraten, wäre die größte Dummheit Deines Lebens. Ich glaube, ich bin nicht mehr so wie damals!

Bis bald!

III.

————— **A**ls Du aus dem Zollbereich kamst und mich sahst, da warfst Du nur Deine Koffer zu Boden und umarmtest mich. Wir blockierten den ganzen Ausgang. Auch ich konnte nicht sprechen.

Erst in der S-Bahn kam unser Gespräch in Gang. Deine ersten Worte: «Was ist denn das für ein Luxus?»
Es waren diese blitzsauberen Waggons, in denen man vom Boden essen könnte. Du warst das nicht mehr gewöhnt. Ein Kulturschock für Dich: Keine Graffitis, keine aufgeschlitzten Sitze, keine Überfüllung, keine Hitze und kein Gestank.
Das irritierte Dich geradezu.
Das zweite, was Dir in Deutschland auffiel, waren die – Deiner Meinung nach – typisch deutschen Worte.
«Zonenplan» zum Beispiel. Auch «Hundeabrichtplatz».
Du sahst Deutschland wie eine Ausländerin, wie zum erstenmal.

Doch das ist eine Woche her.
Jetzt sitze ich alleine in einem dieser blitzsauberen Waggons, fahre alleine weg vom Flughafen. Ich fahre weg von Dir! Und diese Sauberkeit macht die große Leere in meinem Herzen nur noch vollkommener.
Wie ein Waschlappen komme ich mir vor: schlapp, ausgewrungen.
Der Gedanke, daß Du nachher in Paris ebenfalls alleine in einem Waggon sitzen mußt, macht mich ganz fertig. Wenigstens hast

119

Du dann Deinen Dreck wieder, Deine aufgeschlitzten Sitze, Deine Überfüllung...

Hoffentlich passiert Dir nichts!

Ich lehne mein Gesicht gegen die kühle Scheibe, die mich von der Nacht trennt, durch die ich gleite.

Ich denke an unseren Abschied.

Wir zwei!

Wie wir auf der Bank gegenüber der Paßkontrolle sitzen: stumm und mit feuchten Handflächen. Bald geht die Maschine nach Frankreich. Wir umarmen uns nicht, wir umklammern uns.

Du betrachtest ein Lichtspiel an der Decke, das Reflexionen in der Halle erzeugt. Bunte Splitter, die hin und her huschen im Lufthauch, der das Lichtspiel bewegt.

«Wie Tränen», findest Du.

Schon kullern sie Dir die Wangen hinab.

Meine Kehle ist zugeschnürt.

Ich weiß, daß ich gleich mitweinen muß, wenn ich nur den Mund öffne. Ich schweige.

Du stehst auf, wischst Dir die Augen.

Ich sage: «Hast du für mich auch ein Taschentuch?», und sofort heule ich ebenfalls.

Eine letzte Umarmung – ich merke, wie mein Gesicht auf Deinem Kunstpelzkragen zerfließt.

Du sagst schluchzend: «Wir sind so doof!»

Wir lachen, wir lachen und weinen gleichzeitig.

Noch einmal feste drücken. Kurz und schmerzlos.

Nein, wir werden uns nicht mehr umdrehen!

Ich durchquere die Halle. Ich drehe mich um.

Aber es geht schon abwärts auf der Rolltreppe. Und ein Schild mit Flugangeboten versperrt mir die Sicht.

Sehe nur noch Deinen Arm. Du hast Dich auch umgedreht. Du winkst.

Eine Woche lang habe ich Frau Hendrik, meine Krebspatientin, nun nicht mehr besucht.

Als ich sie heute aufdecke, trete ich vor Schreck einen Schritt zurück und remple dabei gegen ihre Tochter, die tränenüberströmt die Hände ringt.

Frau Hendrik ist von oben bis unten voller Stuhlgang.

Es stinkt unglaublich stechend.

Frau Hendriks Haut ist völlig gelb und runzlig. Beide Fesseln sind mit Bandagen umwickelt. Das Desinfektionsmittel macht sie widerlich fleckig. Frau Hendriks Po ist flachgedrückt vom ewigen Liegen und voller Falten, in denen die Exkremente kleben.

Unfaßbar ist für mich, wie enorm sie abgemagert ist. Ihre Bauchdecke ist zusammengesunken bis auf die Wirbelsäule. Die Frau ist nur noch gespannte Haut und beinahe hindurchplatzende Knochen. Ihr Venushügel wölbt sich nun übergroß – wie eine Grapefruit auf einem Holzbrett. Ihr Busen ist verschwunden. Ihr Oberkörper sieht aus wie der eines Knaben.

Ihr Stuhl ist dünn, dünnflüssig.

Die Sauerei ist durch die Windel, das Antidekubitusfell – es soll das Wundwerden verhindern – und das Laken in die Matratze gesickert.

Frau Hendrik gibt keinen Laut von sich.

Sie scheint sogar zum Stöhnen zu schwach.

Es hilft alles nichts mehr.

Sie schaut mich mit geweiteten Augen an.

Normalerweise hat sie mein Anblick immer erfreut – heute erkennt sie mich nicht einmal. Ich blicke in einen Totenschädel. Ihre Augen sind farbloser als sonst.

Dann verdreht sie die Augen, ich sehe nur noch das Weiße.

Und – sie hat sich den Kot auch ins Gesicht geschmiert.

Sie muß schon eine Weile so liegen, denn unter ihren Fingernägeln ist der Dreck bereits angetrocknet.

Mein erster Gedanke: «Fenster auf! Fenster auf! Jetzt reiße doch bitte mal jemand das Fenster auf!»

Aber Frau Hendrik erkältet sich womöglich noch. Also bleibt das Fenster zu. Ich halte den Atem an.

Wo anfangen?

Mit Klopapier und Waschlappen säubere ich diesen gelben, runzligen Körper vom Gröbsten – ohne Handschuhe, weil ich sie zu Hause vergessen habe. In die Badewanne lasse ich eine winzige Pfütze ein, dann schleppe ich Frau Hendrik mit Hilfe der Tochter aus dem Schlafzimmer. Es muß ruck-zuck gehen!

Ich komme mir vor wie ein Pestknecht, der ausgemergelte Leichen auf einen Karren wirft.

Frau Hendrik hängt zwischen mir und ihrer Tochter, läßt die klapperdürren Ärmchen auf dem Boden entlangschleifen und verdreht die Augen.

Ihre Tochter weint: «Sie hat so was noch nie gemacht! Ihr Lebtag lang war sie ein Putzteufel. Sie konnte kein Stäubchen sehen. Daß sie jetzt sogar... Scheiße anfaßt, begreife ich nicht!»

Die Tochter schläft seit Tagen nicht mehr.

Sie klagt über Bauchschmerzen. Es ist nicht nur wegen der Mutter.

Die Tochter ist Putzfrau, angestellt bei der Gemeinde. Private Kolonnen, die ohne Sozialversicherung arbeiten, werden sie bald ersetzen. Das heißt: Die Frau ist gefeuert.

Es ist erstaunlich, wieviel ein Mensch ertragen kann!

Du stehst auf verlorenem Posten.
Du linderst Schmerzen durch möglichst angenehme Lagerung des offenen Körpers. Du verhinderst Entzündungen durch Cremen der Hautfalten und durch gründliches Waschen der Genitalien. Du fängst an, deinen Patienten zu mögen, und je mehr du ihn magst, desto gründlicher arbeitest du. Und er stirbt dir einfach weg!
Dann kommt der nächste Patient, auf den du dich einläßt, den du zu mögen beginnst, und so fort.
Diese Arbeit ist ein ständiges Geben, bevor der Tod endgültig nimmt.

Manchmal denke ich, wir müßten eigentlich von Raben umschwirrt sein oder von Aasgeiern. Denn wenn wir kommen, bringen wir den Geruch von Friedhofserde mit. Wir sind Vorboten des Todes. Ich glaube, nur wenn der Pfarrer neben deinem Bett steht, lateinische Sprüche murmelt und seine heiligen Salben auf deine Stirn schmiert, darf dich noch deutlichere Vorahnung befallen.
Unser Besuch heißt: Du bist krank, du bist allein, zumindest will dich keiner haben. Und: Du wirst bald sterben!
Dabei ahnt das ein Gesunder überhaupt nicht, wenn er auf der Straße einen Wagen der Sozialstation sieht.

Unvergeßlich wird mir bleiben, wie mich meine Nachbarin auf einem Wohltätigkeitsbazar ihren Bekannten vorstellte: «Dieser junge Mann da wohnt neben uns. Er ist Zivi. Der kommt dann auch zu euch, wenn ihr nicht mehr richtig könnt.»
Eine Endfünfzigerin mit fettglänzigen, vom Wein geröteten Schweinchenbacken lachte lauthals und vulgär auf: «Ja, der junge Mann kann von mir aus gleich kommen und mir bei der Hausarbeit helfen. Es gibt noch so viel zu spülen und zu waschen!»

Der Rest der Gesellschaft amüsierte sich königlich über diese originelle Bemerkung.

Inzwischen habe ich es sogar aufgegeben, Freunden von meinem Job zu erzählen. Entweder heißt es: «Igitt, hör auf, mir kommt's gleich hoch», oder ich lande unfreiwillig eine Lachnummer nach der anderen.

Als ich zum Beispiel erzählte, daß es gut war von Frau Michnik, ihrem toten Mann den Kiefer mit einem Tuch zu fixieren, damit der Mund nicht aufklappte, als ich erzählte, daß es gut war, ihn ganz gerade ins Bett hineinzulegen, damit die Angestellten der «Trauerhilfe» ihn nicht mit Brechstangen dem Sarg anpassen mußten, als ich das erzählte, war das ein Riesenspaß für die: «Stark! Da hauen die voll rein mit Stangen und Kettensägen, was? Hahahaha!»

Dann fragt mich einer: «Weißt du eigentlich, warum du der absolute Partykönig bist?»
Ich: «Bin ich das, warum? Weiß ich nicht.»
Er: «Wenn einer kotzt vom Saufen, dann bist du der einzige, der sich nicht davor ekelt, die Kotze aufzuputzen!»

Tatsache ist, daß es niemanden juckt, wenn du stirbst.
Denk nur mal zurück an die Beerdigung Michniks, wie ich sie Dir geschildert habe: Ein morbider Anämiker in grauer Uniform drückt einen Knopf, vom Band ertönt Orgelmusik, der Pfarrer setzt eine pflichtbewußt betretene Miene auf, deine Enkelin findet die ganze Szene «voll geil» und deine Ehefrau kann endlich wieder Kartenspielen gehen. Hin und wieder weinen drei oder vier Personen beim Gedanken an dich – bis höchstens drei oder vier Monate verstrichene Zeit ihre Augen wieder trokkengelegt haben.
In der Kneipe gibst du für die Bekannten deines Pflegers eine nette Pointe ab, zwischen einem Schluck Bier und einer Zigarette.

Einerseits ist es ja in Ordnung, daß du vergessen wirst. Es ist natürlich, daß der Schmerz über den Tod eines Menschen nachläßt, auch wenn das schneller geht, als du dir vorstellst. Andererseits ist es jedoch niederschmetternd: Du bist ein Nichts!

◆◆◆

Neuerdings gehe ich mit einem 97 Jahre alten Mann spazieren. Und ich muß gestehen, daß ich mich gerne mit ihm in der Öffentlichkeit zeige. Ich bin stolz darauf, ihn beschützen zu dürfen. Auch wenn uns kein Mensch beachtet, wenn wir Seite an Seite durch die Straßen schlurfen.

Zentnerschwere Gewichte scheinen an seinen Füßen zu hängen. Es fällt mir gar nicht leicht, mich seinen winzigen Schrittchen anzupassen. Ich bin ihm mit der Zeit wie von selbst voraus und muß mich sehr auf meinen Gang konzentrieren, damit ich ihn nicht abhänge. Immerhin soll ich ihn ja halten, wenn er zu stürzen droht.
Manchmal wird es ihm schwarz vor Augen, dann schwankt er, dann rempelt er mich lachend an, wie ein Kumpel. Er lacht ein hämisches heiseres Greisenlachen, ein Rumpelstilzchenlachen, nur etwas asthmatischer. Es ist leider nicht zum Lachen.
Ich muß ihn zehn Minuten lang gegen einen Baum oder eine Straßenlaterne lehnen, bevor er wieder gehen kann.

Wenn es ihm nicht gerade schwarz vor Augen wird, dann geht mein Großvater ohne Hilfe, zwar im Kriechgang, aber zielstrebig. Wie einer dieser Spielzeugroboter, die immer in die Richtung laufen, in der man sie aufgestellt hat. Die Gegend spielt dabei keine Rolle. Ob Industriegebiet oder Schnellstraße, ob Wald oder Wiese – er merkt keinen Unterschied. Langsam, aber zielstrebig geht er seiner Nase nach und fragt mich ab und zu nach Bordsteinen oder Pfützen, die er dann mit fast bis zum Bauchnabel angezogenen Knien wie der Storch im Salat übersteigt. Das ist reichlich übertrieben von ihm – es ist halt, als ginge er mit verbundenen Augen.

Ich entdeckte eine recht angenehme Strecke.

Sie führt durch die spießige Wohnsiedlung, dann über einen Friedhof auf einen Feldweg, ein kurzes Stück durch den Wald und schließlich zurück zum Haus.

Der Friedhof bereitete mir anfangs Kopfzerbrechen. Ich fand ihn als Kulisse für einen erbaulichen Spaziergang mit einem alten Mann, der bald selber hier liegen wird, etwas geschmacklos – aber er hat bis heute noch nicht gemerkt, daß wir über einen Friedhof gehen.

«Was wollten Sie noch von mir lernen?» fragt der Alte und labert, ohne eine Antwort abzuwarten, drauflos wie ein Wasserfall. Dann versinkt die Welt um ihn herum.

Nur Kinder, Kinder bemerkt er.

«Is das ein Kind?» fragt er vorfreudig lächelnd, wenn er eines zu sehen glaubt. Die entsetzten Mütter aber ziehen ihre Buben und Mädchen sofort von ihm weg, bevor er ihnen womöglich noch über den Kopf streicheln kann.

Dabei ist er so richtig goldig mit dem karamelfarbenen Filzmantel über seinem Gerippe, der Schiebermütze auf seinem schneeweißen Haupt und dem sorgsam umgebundenen Seidenschal, vor dem sein Großvaterbart weht. So einer tut doch niemandem was! Das sieht doch jeder, der nur gewillt wäre, ihn anzuschauen. Das muß auch eine Mutter sehen! Doch Rumpelstilzchen kann so herzig lächeln, wie er will, es lächelt niemand zurück.

Wenn wir zwei spazieren, grüßt er alle Passanten und alle Straßenlaternen und Mülltonnen, die er für Passanten hält, mit einem saloppen «Tach!»

Er erzählt jedesmal, daß es seinerzeit Sitte war, jeden zu grüßen, der einem über den Weg lief. Natürlich bekommt er nie einen Gruß zurück – darin sind sich die Passanten und die Mülltonnen gleich.

Ich sage dann, so laut es geht: «Jaja, das Grüßen ist heute leider aus der Mode gekommen. Die Menschen werden immer unmöglicher!»

Dann dreht man sich nach uns um.
Wenn Blicke töten könnten!

Der Mann redet ohne Unterlaß. Es ist schwer, alles zu verstehen. Er verschluckt viele Silben, manchmal sogar ganze Worte. Dann wiederum hält er mitten in seinen Sätzen inne und weiß nicht mehr, was er sagen wollte. Sein Leben gibt er so bruchstückhaft wieder, daß ich seine Geschichte nur erahnen kann.

Sein Vater muß ein großer Industrieller gewesen sein. Er pflegte Rotwild zu jagen, mit Adam Opel – meine Güte!
Rumpelstilzchen zeigte mir eine steinalte, restlos vergilbte Schwarzweißaufnahme, auf der zwei Männer mit Gewehren ihre bestiefelten Beine in den Leib eines durchlöcherten Hirsches stemmen.
Nun, er selber sei enterbt worden, weil er einen zu niederen Umgang gepflegt habe, erklärte er mir eines Tages.
Ich weiß nicht, ob das stimmt.
Immerhin nuschelte er während eines anderen Spaziergangs von seinem fünfzehnten Geburtstag. Zu diesem habe ihm nämlich der Vater ein Fahrrad geschenkt – und als Dreingabe den gesamten Betrieb hinterher.
Man kann freilich nicht alles für bare Münze nehmen, dessen Rumpelstilzchen sich zu entsinnen glaubt.

Besonders eine Geschichte prägte sein Verhältnis zum Vater.
Sechs Jahre alt sei er gewesen, als sie sich begeben habe.
Sagen wir also großzügig, es war einmal vor hundert Jahren...

Vor hundert Jahren lebte die Familie des Knaben außerhalb der Stadt in einer wunderschönen bergigen Gegend. Und eines Nachts weckte eine starke Hand den kleinen Jungen sanft aus seinem süßen Schlummer. Ein Mann, der nach englischem Tabak und Lavendel riecht, sagt: «Mein Sohn, die Sonne geht gleich auf! Ich will dir das zeigen! Du hast es noch nie gesehen.»

Und Vater und Sohn stehen gemeinsam vor einem Fenster.
Der Mann hat einen Arm um die schmalen Schultern seines Kindes gelegt, und der Bub friert an seinen nackten Füßlein.
Dann ist es soweit: ein Rot schwärmt auf, sprach der Vater. Götterdämmerung. Was die Welt im Innersten zusammenhält.
Am nächsten Tag dachte der Junge, er habe geträumt.

... Das Märchen vom Vater und vom Sonnenaufgang trägt der Alte immer bei sich. Das kann er hervorkramen aus seinen Erinnerungen, er kann es anfassen und es sich erzählen. Ein kurzer Moment nur, einer jener, von denen man sagt: «Das werde ich niemals vergessen!»

Irgendwann trat mein Greis den Adventisten des Siebenten Tages bei, einer Sekte mit Hang zur Zahlenmagie. Bei denen verbreitete er selbstgeschriebene, stets zwölfseitige Predigten mit einem Megaphon. Und nachdem ihm die Nazis das Megaphon weggenommen hatten, verbreitete er die Predigten fürderhin auf Flugblättern.

Ich fragte nach, was die Sekte eigentlich wollte. Rumpelstilzchen lächelte so überlegen wie ein Erstwissender. Wie einer, der zu müde ist, diese für ihn einleuchtenden Gesetzmäßigkeiten einem Uneingeweihten weiterzugeben.
Aber er orakelte nicht: «Geld! Was sonst? Ich spendete genau einen Pfennig und flog raus!»
Und da lachte er: «Höhöhö!»

Sein Leben lang war er auf der Suche nach der Offenbarung. Selbst vor den Lehren der Zahlenmystiker schreckte er dabei nicht zurück. Doch erst die Zahl seiner eigenen Jahre brachte ihm die heitere Gelassenheit des Weisen.

Der Alte hat was Prophetisches an sich.
Manchmal wird er laut und sehr, sehr wunderlich. Dann hebt er zum Beispiel an: «Es ist unfaßbar, was Gott mit uns vorhat. Unfaßbar! Kennen Sie den Begriff ‹Tachometer›? Was Gott ma-

chen kann, macht er schneller als ein Tachometer. Bevor wir rufen, erschallt bereits eine Antwort. Alles Tatsachen! Ich weiß es! Eine zahllose Schar wird kommen. Eine zahllose Schar. Zahllos! Verstehen Sie? Nicht zu zählen, stellen Sie sich das mal vor!»

Nach solchen improvisierten Heilsbotschaften beginnt er gerne zu singen:
«Das Murmeltier, das Murmeltier, das Murmel-Murmel-Murmeltier.»
Unterbrochen wird seine schräge Melodie höchstens von einem saloppen «Tach!»
Und die Passanten wechseln die Straßenseite, damit sie diesem singenden, grüßenden Alten nicht in die Quere kommen, und auch nicht mir, seinem Irrenwärter.

Nicht ohne Stolz weist Rumpelstilzchen des öfteren darauf hin, daß er mit Liedern wie dem «Murmel-Murmel-Murmeltier» gewöhnlich die Omas und Opas im Tagespflegeheim erheitere.
Das Heim dient ausschließlich zur Erholung von Angehörigen – weil die dort ihre Kranken einen Tag lang abladen können.
Während seiner geselligen Auftritte verlangt mein Greis ab und zu ein Schlückchen Sekt für sich und seine Tischgenossen.
Weil selbst in der Bibel stehe: «Man gebe den Alten ein starkes Getränk! Darin, seine Leiden zu lindern, sei keine Sünde geargwöhnt!»
Die Schwestern des Heimes kommen diesen frommen Wünschen gerne nach. Sie mögen den lustigen Alten – und die anderen Alten mögen ihn auch.
Rumpelstilzchen muß seine Tischgenossen immer trösten, weil die längst nicht mehr so viel Hoffnung besitzen wie er.

Rumpelstilzchen erfaßt angesichts seines nahen Todes keine Panik. Gelassen und ergeben läßt er dem kleinen bißchen Leben seinen Lauf. Ja, er erwartet sogar noch recht viel von seinem Dasein.

Er meint, Gott schicke den Menschen Prüfungen, bevor er sie erlöse. Und er meint, auch ihm werde Gott noch Prüfungen schicken.

Ich widerspreche ihm nicht, obwohl ich nicht so denke. Ich meine: Das ist ein Mann jenseits von Gut und Böse, den prüft selbst ein Gott nicht mehr!

Ich schreibe sein Greisengemurmel für Dich auf, weil es ansonsten nur die Wände seines schlecht geheizten Zimmerleins hören würden.

Ich bin der einzige, der diese letzten, genuschelten Glaubensbekenntnisse eines fast hundert Jahre alten Mannes dokumentiert.

Es ist ein Mann, vor dem die Kinder in Sicherheit gebracht werden. Die Zeiten werden härter!

Ich schreibe seine Worte für Dich auf, weil sie wie Fotos sind.

Fotos, wie das seines Vaters auf Rotwildjagd mit Adam Opel.

Aufschreiben und Fotografieren, zwei der vielen verzweifelten Versuche des Menschen, sich gegen die Vergänglichkeit aufzulehnen.

Am Ende eines jeden Spaziergangs sagt der Großvater: «Wiedersehen. Es war schön. Wahrscheinlich erzähle ich Ihnen nächste Woche wieder das gleiche! Macht ja nichts, oder?»

Die Hand gibt er mir nie – weil er sich bei großen Geschäften stets nur mit einem einzigen Papier zu säubern pflegt. Da er allerdings nicht unhöflich erscheinen will, erklärt er: «Sie wissen ja, die ist nicht ganz koscher.»

Und er lacht sein Rumpelstilzchenlachen: «Höhöhö!»

Als das alte Männlein eines Tages Hustenanfälle bekam, erschien der Hausarzt, schüttelte ihm die nicht ganz koschere Hand und fragte, wie es ihm denn gehe.

«Gut!» antwortete Rumpelstilzchen und lachte.

«Gut!» freute sich der Doktor und wollte wieder verduften.

Rumpelstilzchens Angehörige trauten ihren Augen nicht und insistierten aufs äußerste.

Aber Menschen, die schon fast hundert Jahre alt sind, werden eben zum Glück nicht mehr von allen Ärzten groß untersucht oder behandelt, vor allem dann nicht, wenn sie jenseits von Gut und Böse sind.

Das versuchte ihnen der Doktor klarzumachen.

Dann schmunzelte er spöttisch, kramte in seiner Jackentasche und streckte ihnen seine Hand entgegen. Er präsentierte einen Osterhasen aus Schokolade!

Und sagte: «Tut mir leid! Das hier ist alles, was ich bei mir habe!»

Damit verabschiedete er sich, bevor ihn die Angehörigen rauswerfen konnten.

Rumpelstilzchen aber kommentierte das Spektakel auf seine ganz eigene Art: «Höhöhö!»

_____ **H**eute begleitete mich Zerberus zu Frau Hendrik. Ihre Augen sind geschlossen.
«Hallo, Frau Hendrik! Wir kommen, um Sie zu waschen!»
Keine Reaktion. Mühsam ringt die Frau um Luft. Der Raum riecht wieder stechend scharf nach Kot.

Zerberus mißt den Blutdruck und fragt mich: «Möchten Sie auch mal?» Wahrscheinlich will sie bloß kontrollieren, ob ich die Technik beherrsche.
Das Stethoskop im Ohr, pumpe ich die Manschette auf, die dreimal um den Knochen gewickelt ist, der einst ein Oberarm war. Bei der Ziffer 220 beginne ich mit dem Luftablassen. Ich höre nichts. 180 – immer noch kein Pochen.
150, 130, 100, 80, 70, nichts, nichts, nichts.
Zerberus berührt mich sanft an der Schulter: «Bemühen Sie sich nicht – der Blutdruck ist nicht mehr zu hören.»
Mir wird schlecht.

Wir waschen und verbinden Frau Hendrik. Sie stöhnt nur einmal kurz auf. Aber sie stöhnt, wie man einen Spiegel anhaucht, wenn man ihn abwischen will: kaum wahrnehmbar, als entschwebe ein Fetzen ihres Geistes aus seiner sterblichen Hülle – wenn es so etwas gäbe.

Am Rücken haben sich über Nacht zwei neue feuchtrote Flecken gebildet. Sie werden sich zu Wunden entwickeln, wenn Frau Hendrik noch einen weiteren Tag überdauern sollte.

Frau Hendriks Fersen sind pechschwarz, ihre Waden sind dunkelblau, Füße und Hände fühlen sich eiskalt an.

Zerberus flüstert: «Die Blutzirkulation zentralisiert sich».

Das heißt: Der Kreislauf versorgt nur noch die lebensnotwendigen Organe.

Ich stehe schweigend da, versuche, so flach wie möglich zu atmen, wegen des stechend scharfen Kotgeruches.

Die Tochter von Frau Hendrik bittet mich nach draußen: «Haben Sie es sich überlegt mit den Möbeln? Können Sie was brauchen?»

Ich sage: «Ja, den Nierentisch.»

«Wollen Sie nicht auch dieses Sofa? Das läßt sich ausziehen, und die Matratzen sind Markenware», preist sie das Ding an wie ein Handlungsreisender.

Dann gebe ich ihr meine Telefonnummer.

Daheim wechsle ich die Kassette meines Anrufbeantworters aus. Die lustige Ansage wandert vorläufig in die Schublade.

Ich will Dir noch von Frau Grünlich erzählen.

Sie lebt in einer Sozialwohnung – mutterseelenallein.

Ich läute und schließe die Wohnungstür auf.

Frau Grünlich hört das Läuten nicht.

Sobald ich mehrmals «Guten Morgen» geschrien und Frau Grünlich an der Schulter berührt habe, spürt sie, daß jemand bei ihr ist.

Dann geht es gleich in einem jammernden, heulenden Tonfall los, der dich fix und fertig macht:

«Pfleger!»

Ich antworte: «Ja!»

«Pfleger!»

«Ja.»

«Helfen Sie mir! Helfen Sie mir!»

«Ja doch!»

«Kommen Sie!»

«Ich bin doch schon da!»
«Kommen Sie...»

Sie ist 86 Jahre alt. Ihr Oberschenkelhalsbruch wurde mehrfach genagelt. Seit einem Schlaganfall ist eine Körperhälfte so gut wie gelähmt. Vom ewigen Liegen und Sitzen hat Frau Grünlich Kontrakturen bekommen. Das heißt: ihre Sehnen und Muskeln haben sich der immergleichen Körperhaltung angepaßt. Sie sind verkürzt und haben ihre Glieder völlig verrenkt. Zucker hat Frau Grünlich auch.

Ihr Gehirn ist außerordentlich schwach durchblutet – deswegen schreit sie auch nicht immer nach mir als «Pfleger», sondern nennt mich abwechselnd «Georg» oder «Herr Wagner», «Schwester Gundula» – oder «Mama»!

Ihr Bett steht im Wohnzimmer. Es ist mit einem selbstgezimmerten Holzbrett gesichert. Um dieses Brett zu fixieren, hat ihr Sohn Paul Kerben ins Bett gesägt und krummgeschlagene Nägel hineingetrieben, die man drehen kann wie Scharniere.

Jeden Morgen liegt Frau Grünlich quer im Bett oder mit dem Kopf am Fußende, hat ihre Windel geöffnet, deren Wattefüllung zerpflückt und als Flocken auf dem Fußboden verteilt. Sie liegt jeden Morgen in einer Lache aus Urin. Manchmal ist Blut dabei, das sie erbricht. Wahrscheinlich ein Darmgeschwür.

So liegt Frau Grünlich also wimmernd und feucht auf dem Rücken und schreit: «Helfen Sie mir!»

Dabei macht sie immer ihren treuherzigen Kleinmädchenblick.

Überhaupt besteht ihr Gesicht nur aus ihren großen wirren Augen. Ihr Kopf ist klein und runzlig – wie der einer Schildkröte. Wenn sie so daliegt, dann zieht Frau Grünlich ihre Knie bis zum Bauchnabel hoch – wie Babys strampeln, wenn sie gewickelt werden.

Sie ist mein Baby, diese alte Frau.

Und sie wäre goldig.

Ein übelriechendes, jämmerliches Bündel Mensch!

Ich hieve Frau Grünlich auf die Bettkante – sie schreit, als wolle ich sie abstechen. Am Anfang ließ ich sie immer in Ruhe, sobald sie das Schreien anfing.

Inzwischen ignoriere ich ihr Gebrüll. Die Arbeit muß ja getan werden.

◆◆◆

«Sie war schon in jungen Jahren ein böses Weib!» schimpft Zerberus über Frau Grünlich.

Sie hat ihren Sohn Paul im Kegelclub kennengelernt. Und Paul erzählt die Schandtaten seiner Mutter, bevorzugt in geselliger Runde. Nachtragend soll Frau Grünlich gewesen sein und geizig, und gelästert habe sie über alles und jeden. Deswegen sei sie jetzt auch so einsam.

Paul ist nicht der einzige Sohn von Frau Grünlich. Der andere wohnt ebenfalls ganz in der Nähe, doch auch der will die Frau nicht haben. Er hat schon genug Sorgen. Sein Sohn ist heroinsüchtig. Großmutter Grünlich hat davon nie etwas erfahren. Sie besitzt ein Foto von ihrem Enkel, das auf dem Fernseher aufgestellt ist. Auf diesem Foto lächelt ein blondgelockter Knabe, der kerngesund aussieht.

Paul läßt seine Mutter in ihrer Wohnung verschimmeln. Er beschäftigt ein ganzes Dutzend Pflegekräfte, obwohl unser Verein immer wieder darauf besteht, die Frau gehöre ins Heim. Zu Hause ist sie kaum mehr zu versorgen, so extrem und hoffnungslos ist ihr Fall. Doch Paul meint: «In einem Heim wird sie auch nicht besser.»

In Wahrheit hat er knallhart durchkalkuliert.

Läßt er seine Mutter in ihrer Wohnung pflegen, so bezahlt er mit ihrer Rente die Miete, das Waschen und Anziehen, das Füttern mit Mahlzeiten von «Essen auf Rädern» und das Insbettbringen.

Entsorgte er seine Mutter ins Heim, so müßte er was drauflegen.

Er spart, wo es nur geht. Zum Beispiel ließ er die Bewegungstherapie stoppen.

«So eine Krankengymnastik bringt doch nichts! Hilft doch alles nichts mehr bei dem Weib! Hoffentlich werde ich mal nicht so wie die!» regt er sich auf. Daß eine Bewegungstherapie die Standfestigkeit seiner Mutter fördern würde, das sieht Paul nicht als Argument an. Er muß sie schließlich auch nicht windeln und anziehen.

Zieh doch mal eine sich völlig hängenlassende Person mit einer Hand von einem Stuhl hoch und wasche ihr mit der anderen den Hintern. Und dann rate mal, warum ein kaputtes Kreuz bei Pflegern nicht als Berufskrankheit gilt!

Frau Grünlich ist zur Verwahrlosung freigegeben.

Wäscht sie einer nicht gründlich oder legt ihr einer die Windeln zu stramm an, worauf sie Blasen im Schritt bekommt, so heißt es eben: «Sie sperrt sich dermaßen, da kann man das alles nicht korrekt machen.»

Und jeder nachlässige Pfleger bekommt von Zerberus recht, weil Frau Grünlich nun mal schon immer böse war, noch immer böse und widerborstig obendrein.

«Sie gehört halt ins Heim!» singen dann alle im Chor.

Frau Grünlich merkt nicht, was vorgeht. Deshalb kann man es mit ihr machen. Das heißt: Man muß viele Pflegehandgriffe eben nicht mit ihr machen – und kann so seinen mühsamen Arbeitstag durch Schludrigkeiten an der armen Alten etwas verkürzen.

Außerdem nimmt man die Lähmung von Frau Grünlich persönlich. Man denkt, sie behindere einen mit Absicht. Das ist natürlich Quatsch! Aber du denkst es einfach, wenn du an ihr arbeitest und alles Ewigkeiten dauert, weil sie dich in keiner Weise durch günstige Körperhaltungen unterstützen kann. Alle schubsen sie nur herum und schreien sie an. Es ist unerträglich, wie grob Frau Grünlich angefaßt wird. Keiner mag sie, weil sie so unhandlich ist. Reihum rotierten die Pfleger in ihre Wohnung rein – und wieder raus, als sie mit ihren Nerven fertig waren.

Dann jubelten sie mir dieses vermeintliche Unding unter. Ich muß zugeben, daß Frau Grünlich auch mich beinahe in den Wahnsinn getrieben hätte.

◆◆◆

Von der Bettkante wuchte ich sie in einen Toilettenstuhl. Auf dem schiebe ich sie ins Badezimmer. Dort wasche ich sie von oben bis unten und ziehe ihr einen Jogginganzug und Turnschuhe an. Die Turnschuhe mit der starren Form kämpfen vergeblich gegen die Kontrakturen ihrer Füße.
Zerberus hat mir empfohlen, Frau Grünlich gleich im ersten Arbeitsgang die dritten Zähne in den Mund zu stopfen.
Sie sagte: «Damit sie nicht so ein eingefallenes Gesicht macht. Das bringt einen ja runter am frühen Morgen.»

Da Frau Grünlich nicht durch Aufstehen und günstige Körperhaltungen mitmachen kann, dauert die Wäsche eine Stunde. Ja, Frau Grünlich hat sogar die seltene Begabung, immer genau die ungünstigste Körperhaltung einzunehmen.
Will ich ihren Rücken mit Franzbranntwein abreiben, neigt sie sich zur Seite und fällt schier vom Stuhl. Will ich ihr das Unterhemd in die Hose fummeln, beugt sie sich nach vorne und kreuzt ihre verkrampften Gichtkrallen direkt im Schoß, als wolle sie mich abwehren. Anschließend bin ich in Schweiß gebadet.

In der Küche schiebe ich Frau Grünlich an ein Tischlein neben dem Fenster. Ich kredenze Pfefferminztee und zwei Bauernbrote mit Butter und Marmelade.
Zerberus rächt sich an Frau Grünlich, indem sie die Brote jeweils nur in vier große Teile zerschneidet, derer die Alte kaum Herr wird. Ich mache zwanzig oder dreißig Teile und entferne die Rinde, um Frau Grünlich nicht zu überanstrengen. Darüber kann Zerberus nur spöttisch grinsen.

Der Latz ist so groß wie ein halbiertes Leintuch.
Sobald ich Frau Grünlich damit abgedeckt habe, stürzt sie sich auf ihr Frühstück wie ein Holzfäller. Es sind wahrscheinlich die Medikamente, die sie so hungrig machen. Und der Zucker.

An der Wand hängt eine Weihnachtspostkarte aus Zeiten, zu denen noch irgendein Mensch an Frau Grünlich dachte. Sie zeigt die Geburtsszene im Stall von Bethlehem.
Darunter ist ein Spruch gedruckt:

> «Sehet, was Gott gegeben.
> Seinen Sohn zum Ewigen Leben.
> Dieser kann und will uns heben,
> aus dem Leid in Himmels Freud.»

Ich schreie Frau Grünlich ins Ohr: «Sitzen bleiben, bis ich wiederkomme!»
Ich kann nicht bei ihr bleiben, während sie frühstückt, weil ich mit Patienten überlastet bin. Das ist der Pflegenotstand. Wenn es aber bei den anderen Patienten Komplikationen gibt, dann kann es schon sein, daß Frau Grünlich stundenlang in ihrem Stuhl hocken muß, bevor ich wiederkomme. Den Latz umgebunden, den trüben Blick aus dem Fenster gerichtet, wartet sie.
Es kam aber auch schon vor, daß der eine oder andere Pfleger Frau Grünlich total vergaß und sie erst am Abend von ihrem Frühstückstischlein wegholte.

Trotz festgestellter Bremse am Toilettenstuhl stößt sich Frau Grünlich während dieser Wartezeiten manchmal mit den Füßen ab und rollt durch die Küche. Gerne schaltet sie in ihrer Umnachtung die Herdplatten an.
Ich schimpfe sie dann immer aus.

Nach dem Frühstück setze ich Frau Grünlich in ihren mürben Ohrensessel.
Dieses Möbelstück hat der Teufel gesehen!
Es ist ein Monstrum aus den fünfziger Jahren. Die Rückenlehne läßt sich nach hinten wegkippen, worauf eine schwarze Plastikfußstütze unter der Sitzfläche hervorklappt und der ganze Kloben zu einer Art Liege wird. Wenn ich nicht aufpasse und Frau Grünlich kräftig in ihren traurigen Thron plaziere, kann dieser

bizarre Mechanismus aktiviert und der Sessel in eine Geheim-
waffe aus einem James-Bond-Film verwandelt werden.

Gleichzeitig plärrt Frau Grünlich in einem fort: «Sie machen ihn
ja kaputt! Sie machen ihn ja kaputt!» Und ich bin versucht, sie
selbst kaputtzumachen dafür.

Wenn ich Frau Grünlich erst einmal zwischen den Armlehnen
abgelegt habe, schalte ich ihr den Fernseher ein. Die Lautspre-
cher des Fernsehers sind im Eimer. So sieht sie den ganzen Tag
über Stummfilme. Wenn sie überhaupt was sieht, während sie
auf die Mattscheibe starrt!

Über ihre Beine lege ich mehrere Decken, eine jede sorgfältig in
der Mitte zusammengefaltet.

Bevor ich gehe, drücke ich Frau Grünlich ein Päckchen Papierta-
schentücher in die Gichtkrallen. Die Zellophanhülle muß ich
aber vorher entfernen. Sonst nimmt sie das knisternde Bündel
zwischen die Finger wie der erste Mensch, befühlt es, dreht es,
führt es an ihre stumpfen Augen, an ihre tauben Ohren – und ist
dennoch unfähig, an den begehrten Inhalt heranzukommen.

Mit Taschentüchern kann sich Frau Grünlich stundenlang be-
schäftigen. Sie zeigt dabei eine seltsame ernste Konzentration.
Sie nimmt die Tücher einzeln heraus, faltet sie langsam auf und
stapelt sie auf einem Beistelltischchen. Sie macht das mit der
Akribie eines Buchhalters, der Rechnungsbelege mit Gläubiger-
listen vergleicht.

Dabei schmatzt sie in letzter Zeit mit dem Gebiß, das nicht mehr
so recht in ihren Mund passen will, sabbert über ihren Pullover
oder spuckt ein bißchen Blut.

So bleibt sie sitzen, in einen stummen Fernseher starrend, Taschentücher stapelnd, bis ich mittags wiederkomme, um ihr das
Essen zu geben.

Ungeduldig rüttelt Frau Grünlich an ihrem Toilettenstuhl und
an meinen Nerven, wenn es nicht gleich losgeht. Manchmal ist
das «Essen auf Rädern» aber noch nicht angerollt gekommen.

Um ihr das zu verdeutlichen, lasse ich sie in die leeren Behälter vom Vortag hineinfühlen. Das muß ich mehrmals im Minutenabstand tun, weil sie innerhalb einer Minute vergißt, daß das Essen noch nicht da ist – und weil sie deshalb wieder anfängt, ungeduldig an ihrem Stuhl und an meinen Nerven zu rütteln.

Meistens sind es Frauen, die das Essen bringen.
Manchmal lächelt Frau Grünlich diese Frauen an, manchmal schüttelt sie nur verächtlich den Kopf. Nach welchen Zufallsprinzipien sie ihre Sympathien verteilt, kann ich nicht erklären.
Die Frauen vom «Essen auf Rädern» sind sehr nett zu Frau Grünlich. Sie streicheln ihr über die Wangen und sagen «Jaja» oder «Ach, Frau Grünlich, hm?» – wie man das einem Kind sagt. Nur, bei einem Kind wünscht man zum Abschied seltener «Alles, alles Gute», weil man das sowieso voraussetzt.

Das «Essen auf Rädern» ist lecker und abwechslungsreich. Nur an Weihnachten gibt es lediglich Eintopf. Zum Fest der Liebe bescheren sich die Köche lieber selber einen frühen Feierabend.

Eine Zeitlang kämpfte Frau Grünlich tapfer mit ihrer Suppe. Sie hielt den Löffel so schräg, daß ihr Nudeln, Graupen oder Brokkoli davonrannen. Rettete sie doch noch ein paar Tropfen, bis der Löffel in Mundnähe kam, dann vergaß sie meist, den Mund aufzumachen und goß sich die Brühe mitten ins Gesicht.
Doch selbst mit festen, am Löffel klebenden Speisen – etwa dem geliebten, weil wie vorgekauten Kartoffelbrei – war es nicht besser.
Außerdem schnaufte sie während des Essens rasselnd wie ein löchriger Blasebalg und hustete in Intervallen, während sie Unzerkautes in dicken, schleimigen Fäden an die Tapete spritzte.
Mahlzeit!
Inzwischen füttere ich sie.

Einmal kam Paul.

Seine Mutter schaute er nicht einmal an, geschweige denn, daß er sie berührt hätte.

Als er bemerkte, daß ich den Boiler benutzte, um Wasser zum Spülen zu erwärmen, ging er auf mich los: «So eine Verschwendung!»

Dem waren die Stromkosten für den Abwasch seiner Mutter zu hoch.

Überhaupt, wie der mit seinem eigenen Fleisch und Blut redete!

«Iß! Verschütte nicht alles! Meine Güte, hoffentlich werde ich mal nicht so wie du! Da! Nein! Iß! Hör auf! Setz dich gescheit hin! Sabbre nicht!»

Frau Grünlich fiepte wie ein Welpe, war den Tränen nahe und wußte nicht, wie sie es ihrem gewalttätigen Sohn rechtmachen sollte.

«Ach, du alte Heulsuse!» schrie der sie nur an.

Paul ist ein Bär von einem Mann, und du denkst, daß er im Hofbräuhaus die Tuba blasen könnte. Wie er sich da vor seiner Mutter aufbläst, muß seinem Selbstbewußtsein sehr guttun.

Nicht Geschrei bewirkt was bei Frau Grünlich, sondern eine flüchtige Berührung an der Wange, eine Streicheleinheit am Arm oder ein leichtes Klopfen auf den Rücken.

Selbst Zerberus räumte letztens ein: «Was der fehlt, ist Zuneigung.»

Freilich fügte sie gleich hinzu: «Wer sein Leben lang nichts gegeben hat, kann am Ende allerdings auch nichts verlangen!»

Und der Paul, der läßt sich doch so gut wie nie blicken bei seinem Kreuz, das er leider Gottes tragen muß.

Ich meine, die arme Frau!

Den ganzen Tag gottverlassen in ihrem verwandelbaren Sessel! Sie stapelt Taschentücher und betrachtet einen stummen Fernseher. Frau Grünlich kennt die Uhrzeit nicht. Sie kennt nicht den Unterschied zwischen Winter und Frühling. Sie sitzt an Weihnachten genauso da wie an jedem Tag. Wenn an Silvester die Raketen hochsteigen, ängstigt sie sich, weil sie denkt, es sei immer noch Krieg.

Und an ihrem Geburtstag gratuliert ihr kein Mensch.

Man könnte um sie weinen!

Was die Zärtlichkeiten zwischen uns angeht, so ist nichts voraussehbar.

Es gibt Tage, da guckt sie mich ganz beleidigt an, nutzt dann aber jede Gelegenheit, ihren Kopf an meinen Armen zu reiben oder ihre Hände in meine Hosentaschen zu stecken.

Vor allem beim Windeln bieten sich ihr die besten Chancen. Deswegen sagt sie oft, sie müsse mal auf die Toilette, obwohl sie mich nur anfassen will.

Als es wieder einmal so weit war, daß ich sie auf die Kloschüssel schleppte und sie nicht mußte, da drehte ich durch.

Ich hatte es eilig an jenem Tag und schnauzte sie an, machte wütende, hektische Bewegungen. Da krächzte sie einen ihrer seltenen, seltsamen Sätze: «Ihre Frau wird es mal gut haben bei Ihnen!»

Da schämte ich mich und war still.

Es gibt aber auch Tage, da strahlt sie mir entgegen und streckt den Arm aus, den sie noch bewegen kann. Sie läßt sich willig vom Sessel in den Toilettenstuhl verfrachten, alles ist wunderbar einfach.

Dann jedoch verzieht sie das Gesicht und krächzt: «Sie haben zwei linke Hände. Weil die Jungen nie im Haushalt helfen. Kommen Sie nie wieder, Dummerjan!»

Sie ist wohl so was wie meine Lieblingspatientin. Aber wenn ich sie mit besonders viel Zeit und Aufmerksamkeit verwöhne, wenn ich sie nach dem Essen nicht bloß in den Sessel werfe und gleich verschwinde, sondern mich neben sie setze, ihre Hand halte und versuche, einen stummen Fernseher genau so interessant zu finden wie sie – und sie mich dann beleidigt, dann bin ich wirklich verletzt.

Manchmal bin ich aber auch außer mir, drohe mit dem Zeigefinger und schreie: «Frau Grünlich! Vorsicht!»

Es gibt sogar Tage, da brülle ich sie an: «Ich wünschte, Sie würden sterben! Aber kommen Sie bloß nicht auf die Idee, das während meiner Dienstzeit zu tun!»

Hinterher tut mir das dann immer unendlich leid.

Ab und zu fällt Frau Grünlich auf die Dielen.

Manchmal finde ich sie in der Küche, manchmal neben ihrem monströsen Ohrensessel. Gekrümmt liegt sie da und jammert still vor sich hin, aus irren Augen glotzend.

Oder sie sagt einfach nur: «Servus!»

Es hat mich nur die ersten paar Mal schockiert, sie so zu sehen. Irgendwann gewöhnte ich mich auch an diese Situation.

In periodischen Abständen, jeweils nach etwa zehn Stürzen, muß sie ins Krankenhaus, um sich röntgen zu lassen. Es könnte ja doch sein, daß sie sich innerlich verletzt hat oder daß der genagelte Oberschenkelhalsbruch aus den Fugen gegangen ist.

Eines Tages war es wieder einmal so weit.

Nach dem Mittagessen sollte der Krankentransporter des Malteser Hilfsdienstes kommen.

Ich rückte zur gewohnten Stunde an, um Frau Grünlich zu füttern und umzuziehen.

Ich fand sie in ihrem Ohrensessel, mit zig Decken über den Beinen und mit einer überdimensionalen Brille auf der Nase, die wohl vor Jahrzehnten zu ihrem einst breiteren, jüngeren Gesicht besser gepaßt hatte.

Der Fernseher lief.

Auf dem Bett, ihr gegenüber, saß schwitzend – Paul.

Frau Grünlich lächelte, ich nahm Platz.

Sie, ihr Sohn und ich – gemeinsam betrachteten wir den stummen Fernseher. Es war ihr wohl heimelig zumute dabei. Entspannt und geborgen sah sie aus.

Endlich mal eine Stunde, in der sie weder allein gelassen noch überall am Körper von fremden Menschen befingert wurde. Endlich mal niemand, der sie herumkommandierte. Niemand, der ihr die Taubheit als Aufsässigkeit auslegte und darüber zu Haßausbrüchen hingerissen wurde. Endlich das Stück Familienglück im trauten Heim, der Geruch der Wände und der natürlichste Zusammenhalt, den es gibt!

Ich danke allen Göttern, daß Frau Grünlich nicht fühlte, was wirklich vor sich ging!

Nach dem Füttern klingelte es auch schon, und die Malteser standen vor der Tür. Frau Grünlich lächelte immer noch. Die Sanitäter jedoch fielen gnadenlos über sie her. Sie setzten sie auf den Stuhl, auf dem ich gerade noch gesessen hatte, und trugen sie auf diesem das Treppenhaus hinab ins Freie.

Als sie Frau Grünlich auf eine Bahre schnallten, nahm ich ihre Hand und drückte sie so zärtlich, wie ich nur konnte. Frau Grünlich lächelte immer noch.

Sie öffnete den Mund, doch er fiel ihr wieder zu.

Erst beim zweiten Anlauf gelang ihr ein Satz: «Pfleger! Muß ich sterben?»

Ich dachte nach und erwiderte: «Jeder Mensch muß mal sterben, Frau Grünlich. Auch Sie. Aber jetzt noch nicht, keine Angst!»

Sie hörte nicht auf zu lächeln: «Das ist ein schwacher Trost!»

Ich küßte sie auf die Wange, aber ich glaube, das spürte sie gar nicht.

Dann schob man sie in den Notarztwagen, wie ein Laib Brot in den Ofen geschoben wird.

Ich freute mich riesig!

Das war das allererste Mal, daß wir beide einen vollständigen Dialog zustande gebracht hatten!

Gott, fast fünfzehn Monate habe ich gebraucht, um einen meiner Patienten küssen zu können.
Eine 86 Jahre alte Frau!
Das tut weh!

Ich bin Frau Grünlich seitdem nie wieder so zärtlich begegnet.
Aus Angst – vor ihrem Tod.

Die Intimität, die zwischen Pfleger und Patient herrscht, tropft nicht an mir ab. Ich glaube, da sind biologische Programme im Spiel.
Sie verändern einen.
Verantwortung zu tragen für ein Leben, das ist ein ganz besonderes Gefühl.

Frau Hendrik ist gestorben!
Der Gute Engel hat es mir erzählt.
Sie war dabei, als der Tod eintrat.
Es muß eine Tragödie gewesen sein.

Die Tochter war am Rande des Nervenzusammenbruchs, weil ihre Mutter die ganze Nacht hindurch geschrien hatte wie am Spieß.
Der Herr Professor hatte der Sterbenden fünf Tropfen eines laschen Beruhigungsmittels verschrieben. Fünf Tropfen!

Der Gute Engel stürmte sofort ins Sprechzimmer dieses Quacksalbers und bettelte um Morphium. Er wollte den Stoff aber nicht rausrücken, aus Angst, womöglich Sterbehilfe zu leisten.
Er meinte: «Ich werde mir die Frau voraussichtlich im Laufe des Tages mal ansehen.»

Im Laufe des Tages starb Frau Hendrik.
Und der Doktor gab sich erst vier Stunden später die Ehre. Soviel Zeit muß er nach einem Exitus sowieso verstreichen lassen, wenn der Totenschein gültig sein soll.

Der Gute Engel hielt Frau Hendrik die Hand und wischte ihr den eiskalten Schweiß von der Stirn, bis es vorbei war. «Sie schrie schon gar nicht mehr wie ein Mensch», meinte Der Gute Engel hinterher.

Dann wusch sie Frau Hendrik und bettete sie für die «Trauerhilfe».

◆◆◆

Ich hatte einen schlimmen Alptraum.
Ich schlafe mit offenen Augen. Oder ich befinde mich in einem
Zustand zwischen Wachen und Träumen. Ich kann mich nicht
bewegen. Meine Glieder gehorchen meinem Willen nicht mehr.
Es kribbelt am ganzen Körper. Das Gefühl von eingeschlafenen
Beinen, auch in den Armen, auch in der Brust. Mir ist schwind-
lig. Um das alte zugige Haus heult der Wind.
Der Mond scheint durch die vorhanglosen Fenster. Ich kann
auch den Kopf nicht bewegen. Allerdings kann ich die Augen
verdrehen, damit ich die Leuchtziffern des Weckers erkenne.
In den frühen Morgenstunden.
Mein Herz rast. Ich will mich zwingen, die Augen zu schließen,
aber selbst das funktioniert nicht. Ich denke, daß ich das Krib-
beln im Körper stoppen kann, wenn es mir gelingt, mich anders
zu lagern. Aber ich kann mich ja nicht bewegen!
Bin gelähmt. Wie festgeschnallt im Bett.
Plötzlich fällt die Wohnungstür ins Schloß!
Mein Herz springt mir schier aus dem Brustkasten. Ich reiße die
Augen noch weiter auf. Sie tun mir schon weh vom Aufrei-
ßen.
Im Flur knarren die Dielen.
Schritte! Eher ein Schlurfen. Ein Humpeln.
So gehen Zombies!
Das Kribbeln in meinem Körper macht mich verrückt.
Rauschen in den Ohren. Brausen im Kopf.
Quietschend geht die Zimmertür auf.
Frau Hendrik stakst herein!
Im Mondlicht kann ich alles grausam genau erkennen.
Sie ist nackt. Runzlige gelbe Haut, nur Haut und Knochen.
Knochen, die diese Haut beinahe zum Platzen bringen.
Schwarze Fersen, Fesseln, mit fleckigen Bandagen umwik-
kelt.

Traurig sieht Frau Hendrik aus und besorgt.

Sie verströmt eine Grabeskälte im Raum.

Sie beugt sich zu mir herunter.

Kann sie nur anstarren.

Sie zieht meine Decke weg. Ich liege schutzlos vor ihr. Nackt.

Sie bewegt mich, setzt mich auf, streichelt mir den Rücken, legt mich wieder hin, murmelt besänftigende Worte. Sie dreht mich zur Seite, streichelt meinen Hintern, dreht mich zur anderen Seite, streicht mein Laken glatt.

Sie deckt mich wieder zu – bis unters Kinn.

Sie lüftet die Decke einen Spalt weit.

Eiskalte Knochenfinger gleiten unter die warmen Daunen. Sie sucht meine Hand. Und drückt sie.

Ich bin immer noch gelähmt.

Frau Hendrik schleppt sich zur Tür, dreht sich noch einmal um, winkt.

Der Lichtschalter!

Mein Blick dringt in jede Ecke des Zimmers.

Da! Frau Hendrik steht immer noch im Raum!

Nackt, die Beine vulgär gespreizt, die Hände in die Hüften gestemmt, höhnisch lächelnd diesmal.

Ich fahre hoch – sie ist weg!

Noch nie zuvor hatte ich einen Horror bekommen, nachdem ein Patient gestorben war.

Ich bin von mir selber schockiert: Die Nacht, in der ich meinen Alptraum hatte, hielt ich für die erste Nacht nach Frau Hendriks Tod. Dadurch muß irgendeine verstaubte Schublade im hintersten Hinterstübchen meines Unterbewußtseins aufgegangen sein. Und eine dämonische fixe Idee hüpfte heraus: In der ersten Nacht besuchen die Leichen die Lebenden, in der ersten Nacht bekommst du Besuch, in der ersten Nacht, in der ersten Nacht…

Frag mich nicht, wie ich auf so einen Schmarrn kam!

Dann erfuhr ich vom Guten Engel, daß Frau Hendrik bereits

einen Tag früher gestorben war. Die Nacht meines Alptraums war also die zweite Nacht nach ihrem Tod.

«Die ganze Angst umsonst», sagte ich mir erleichtert. Es war also alles nur ein Traum – weil es die zweite Nacht war. Dann erschrak ich erst recht und mußte es mir vor einem Spiegel direkt ins Gesicht sagen: «Du Volltrottel! Und wenn es nun doch die erste Nacht gewesen wäre? Hättest du es dann für wahr gehalten?»

◆◆◆

Nicht mehr lange und meine Dienstzeit wird vorüber sein. Ich bin froh!
Nie wieder werde ich mit diesem Beruf etwas zu tun haben. Nie wieder bis zum nächstenmal! Bis meine eigene Oma pflegebedürftig wird oder meine Mutter oder mein Vater. Aber daran will ich jetzt noch nicht denken. Man wird noch genug Sorgen haben, wenn es soweit ist.

Ich habe genug von humpelnden Greisen. Dich will ich gehen sehen. Du gehst, als hörtest Du Musik dabei.
Ich will keine Asthmaanfälle oder Hilfeschreie mehr hören. Ich will keine Exkremente mehr riechen, während ich welke Hintern wische.

UND JEDEM ANFANG WOHNT
————— EIN ZAUBER INNE

————— In diesen letzten Tagen habe ich mich meinen Patienten mit besonders viel Aufmerksamkeit hingegeben. Bei jeder Windel, die ich wechselte, bei jedem furunkulösen Rücken, den ich eincremte, bei jeder knochentiefen Wunde, die ich verband und bei jedem Mal, wenn ich aus zahnlosen Mündern angesabbert und mit den unverdauten Resten von Babynahrung angespien wurde – bei jedem Mal dachte ich: Nie wieder, nie wieder, nie wieder!
Dieser Gedanke verlieh mir Flügel.

Ich schüttelte kraftlose Hände, nahm von Herzen kommende Danksagungen entgegen, ließ mir alles Gute wünschen und erwiderte diese Wünsche mit der gleichen Aufrichtigkeit.

Bei manchen aber mischte sich ein Tropfen Wehmut in die Verabschiedung.
Sie waren ja über ein Jahr lang mit meinem Leben fest verwachsen, bestimmten meine Gedanken und Gefühle, und irgendwann begann ich sie zu mögen.
Aber so ist das eben, wenn du mit Menschen zu tun hast: Du bist ihnen nahe, und deswegen denkst du, unersetzlich zu sein. Dann bist du ihnen aus den Augen, dann aus dem Sinn. Sie werden auch ohne mich dahinsiechen und sterben.

Einem Patienten konnte ich nicht mehr «Auf Wiedersehen» sagen – er hatte sich drei Wochen zuvor schon selber verabschiedet, von der Welt.
Es war der Mann, der im Gitterbett gelegen hatte, steif wie eine Schaufensterpuppe und hilflos wie ein Maikäfer, der auf den Rücken gefallen ist. Der, der immer «Oioioi» sagte und einmal sogar «Scheiße!»

Auch bei diesem Tod war Der Gute Engel dabei.
Eine Blutfontäne schoß dem Mann aus dem Mund, die letzte Fontäne. Endlich, es war eine Erlösung für ihn!

Ich war auf seiner Beerdigung. Unzählige Reden wurden gehalten. Aber am bemerkenswertesten war der Dialog eines älteren Ehepaars.
Die Frau schaute ungeduldig auf die Uhr und murrte. «Wie lange dauert das denn noch?»
Darauf ihr Mann: «Du weißt doch, was das für ein Vereinsmaier war. Jetzt wird er halt von den Vorständen geehrt. Er war im Schützenverein, im Kleintierzuchtverein, im Altenpflegeverein...»

Ja, mit dem hatte er besonders viel Spaß in seiner Freizeit!

Einmal auf dem Friedhof, besuchte ich auch gleich die Gräber meiner anderen Patienten und erinnerte mich an sie: an Herrn Michnik und Frau Hendrik.
Sie waren ja nicht die einzigen, die während meiner Zeit als Zivi starben. Aber sie waren diejenigen, mit denen ich am meisten zu tun hatte. Michniks Katze fiel mir ein und der Geruch in Frau Hendriks Wohnung. Ihren Nierentisch halte ich in Ehren.

Noch einer verabschiedete sich von mir, bevor ich mich von ihm verabschieden konnte: der Konsul.

Weil seiner Frau die Arbeit zuviel geworden war und seine Kinder ein skandalöses Desinteresse an seiner Pflege zeigten, gingen der Konsul und seine Frau ins Altersheim.
Nun, die beiden sind ja daran gewöhnt, aus dem Koffer zu leben. Das haben sie jahrelang getan.

Es galt, den Haushalt aufzulösen. Die Perserteppiche, die aufwendig gerahmten Jagdszenen in Öl, die Wanduhren, die Silberschätze in den Regalen, die antiken Möbel – all das, was den Räumen jene strenge aristokratische Autorität verliehen hatte, mußte verscherbelt werden. Im Heim warteten zwei Zimmer mit Waldblick, Naßzelle inklusive, auf das Ehepaar.
Naßzelle, das bedeutet Badezimmer im Altersheimjargon. Und der Glanz des Reichtums von vorgestern hat da keinen Platz mehr.

Ich diente mich dem Konsul an, ihm beim Ausräumen seiner Bibliothek zu helfen. Und was für Schätze hielt ich dann in Händen! Was für Schätze!

Dabei war der Konsul an jenem Nachmittag so schlecht beieinander wie nie zuvor.
Er saß in einem Sessel.
Ich trat zu ihm hin und sagte: «Grüß Gott, wie geht es Ihnen?»
Er konnte nicht antworten, so stark war sein Zittern. Er bewegte seinen Unterkiefer unentwegt hin und her, so schnell, daß ich dachte, gleich renkt er ihn sich aus. Ich hörte, wie sein Gebiß klapperte.
Rotz lief ihm aus der Nase.
Er furzte.
Ich stand fünf Minuten lang vor diesem Häufchen Elend und schwitzte in mein Hemd, so peinlich war mir die ganze Szene.
Nach einer Ewigkeit sagte er: «G-G-Gut!»

Ich schob ihn mitsamt dem Sessel vor das Bücherregal. Ich mußte einen großen Abstand zum Regal einhalten, weil der Konsul aufgrund seines gekrümmten Rückens sonst nichts außer dem Fußboden hätte sehen können. Dann begannen wir mit der Arbeit.

Ich nahm jedes Buch einzeln aus dem Regal, las dem Konsul den jeweiligen Titel und Autor vor und wartete auf die Anweisung, was mit dem Buch geschehen sollte. Die einen Bücher behielt der Konsul für sich, die anderen stiftete er der Bücherei des Altersheims oder verschiedenen Leuten – unter anderem auch mir.

Nach einer Stunde gab der Konsul vor, sich nicht mehr auf meine Beschreibungen konzentrieren zu können. Fortan wollte er die Bücher selber betrachten, bevor er über ihre weitere Verwendung entschied.

Aber es war traurig mitanzusehen: Er konnte nicht einmal ein Taschenbuch aufschlagen, so zittrig war er.

Also kniete ich mich neben seinen Sessel und präsentierte ihm jeden einzelnen Einband, jedes Titelblatt, jedes Frontispiz, alle ersten drei oder vier Seiten eines jeden Buches.

Ich glaube, es war nicht allein der Mangel an Konzentration, der den Wunsch in ihm weckte, die Bücher eins ums andere selber anzuschauen. Ich glaube, der Konsul wollte sich von seinen Büchern verabschieden, ganz bewußt und hingebungsvoll, etwa so, wie ich es mit meinen Patienten tat.

Der Konsul wollte beim Anblick seiner Bücher noch einmal in sich hineinhorchen und sich fragen: «Wo habe ich dieses Buch gelesen? Was habe ich damals gedacht? Wer war ich zu jener Zeit?»

Genau das ist ja der Zauber der Bücher. Genau das unterscheidet gelesene Bücher von Altpapier – man will immer wieder zu ihnen zurück, sie anfassen und sich selber dabei begreifen.

Und ich schwöre Dir, das ganze Leben des Konsuls ging an jenem Nachmittag durch meine Finger!

Da waren vergilbte Lateinbücher aus der Jahrhundertwende, über denen der Konsul als Primaner gebrütet hatte. Da waren die in schweres Leder gebundenen gesammelten Werke sämtlicher großer deutscher Dichter. Da waren Naturkundebücher und Gedichtbände in Französisch, Heldensagen in Altgriechisch und politische Schriften in Englisch.

Die Stunden verstrichen.

Der Stapel mit den Büchern, die im Besitz des Konsuls bleiben sollten, wuchs immer höher – zu hoch, als daß er ihn tatsächlich hätte im Heim unterbringen können. Der Mann konnte sich einfach nicht von seinen Schmökern trennen. Im Gegenteil: Er wollte sie immer genauer betrachten, wollte jedes Erscheinungsdatum wissen und jede Widmung entziffert haben.

«Dem lieben Herrn Konsul als Erinnerung an die gemeinsamen Tage in Kairo», hieß es da zum Beispiel. Eine Standardformulierung, in der oft nur die Städtenamen wechselten: Lissabon, Istanbul, Bagdad, New York, Wien, Tel Aviv und so weiter.

Jetzt ließ sich der Konsul auch immer öfter zu kleinen Anekdoten hinreißen, die er schleppend zum besten gab.

Ein antiquarisches englisches Benimmbuch zum Beispiel. Das habe er aus dem Krieg mitgebracht. Zwischen den deutschen und alliierten Stellungen nämlich, genauer gesagt auf einer Lichtung, habe sich ein verlassenes Landhaus befunden. In dieses sei er mit seinen Kameraden während eines Scharmützels verschlagen worden. Das Haus habe eine hervorragend ausgestattete Bibliothek besessen. Doch das Haus wurde von einer Granate getroffen. Es blieben nur noch schwelende Trümmerhaufen übrig – und eben dieses Buch, sicher verstaut im Tornister des Konsuls, das letzte Buch einer großartigen Bibliothek.

Ich hielt es ihm unter die Nase und schaute ihn fragend an.

«Ich behalte es selbstverständlich», sagte er mühsam.

Bei einem Roman Upton Sinclairs fiel ihm ein: «Vor vierzig Jahren bot ich ihm an, seine Bücher ins Deutsche zu übersetzen. Er lehnte ab.»

Und als ich ihn fragte, wer die Widmung in die luxuriös gebundenen Abhandlungen Karl Jaspers' geschrieben habe, versuchte der Konsul zu lächeln: «Karl Jaspers selber. Bei ihm habe ich promoviert.» Und nach einer langen Pause fuhr er angestrengt fort: «Ich werde auch dieses Buch behalten, aus Pietät!»
Ich wurde allmählich ganz ehrfürchtig.

Meine Ausbeute an seinen Büchern war übrigens recht gering. Ein paar Bände von Richelieu, eine Biographie Charles de Gaulles und Platons «Der Staat» durfte ich mitnehmen. Ich trug nicht schwer daran.
Aber das, was ich an diesem Nachmittag außerdem mit nach Hause nehmen durfte – die Faszination angesichts eines solchen Mannes, aber auch die bittere Erkenntnis, daß selbst dessen Geschichte ein trauriges Ende findet – das war schwer genug.

Frau Gerl, meine hutzelige Bilderbuchoma mit den Strapsen, liegt mit schweren Vergiftungen im Krankenhaus. Sie nahm die ganze Wochenration ihrer Herzmittel zu sich. Der Gute Engel fand sie, bewußtlos – im Gesicht blau angelaufen.
Der Gute Engel ist sich nicht sicher, daß es ein Versehen von Frau Gerl war.
Frau Gerl redete anscheinend oft von Selbstmordabsichten. Davon wußte ich nichts.
Ich hätte es auch nie geglaubt.
Sagte Frau Gerl nicht immer: «Gell, wann i koan Spaß mehra verstengan dat?»

Als ich Rumpelstilzchen zum letztenmal ausführte, erklärte ich ihm unterwegs, daß ich nie wieder zu ihm kommen würde.
Er lachte sein asthmatisches Altmännerlachen, nickte und sagte: «Kennen Sie eigentlich den Begriff ‹Bunsenbrenner›?» Oder: «Der Begriff ‹Ewigkeit› existiert nicht. Wir dürfen höchstens

von Äonen reden! Von Äonen!» Oder er sagte: «Is das ein Kind?»

Zum Schluß drückte ich ihm seine nicht ganz koschere Hand und versuchte es erneut: «Leben Sie wohl! In Zukunft werde ich nicht mehr zu Ihnen kommen!»

Wieder lachte er nur und sagte: «Auf Wiedersehen!»

Frau Bronskis Schwiegersohn trieb es an meinem letzten Tag nicht im Garten mit seiner Hure. Auch die Vögel und Katzen blieben fern. Keine Hexe schickte dämonische Winde.

Frau Bronski wollte mir zum Abschied Schokolade schenken. Sie schlurfte durch die Wohnung und schrie gelegentlich: «Raus hier! Haut ab! Das ist mein Bett, nicht eures!»

Sie kam mit einem Wandteller aus Zinn zurück, weil es ihr peinlich war, keine Schokolade im Haus zu haben. Es war nicht leicht, sie davon zu überzeugen, den Teller hängenzulassen.

Sie wollte mir partout was schenken und war gekränkt, weil ich das Geschenk verweigerte.

Anschließend verdrückte ich mich recht schnell, um zu guter Letzt nicht noch selber das Ziel ihrer paranoiden Wutausbrüche zu werden.

Zwei Tage später erfuhr ich von Zerberus, daß man Frau Bronski in die Nervenheilanstalt eingewiesen hatte.

Die Verabschiedung von meinen Kollegen fiel knapp aus. Handschläge. Fertig.

Zerberus lobte mich und bot mir eine Stelle als Hilfspfleger an, um die Zeit bis zum Beginn meines Studiums zu überbrücken. Ich lehnte dankend ab.

Am schlimmsten war der Abschied von Frau Grünlich. Nachdem ich sie gefüttert und gewindelt hatte, setzte ich sie in ihren monströsen Ohrensessel und nahm ihre Hand.

«Ja, wärmen Sie mich ein bißchen!» krächzte sie.

Ich hatte ihr schon mehrmals gesagt, daß ich bald für immer gehen würde, aber sie begriff es ja nicht. Wir stapelten ein paar Taschentücher auf das Beistelltischchen, und sie machte mir Komplimente wegen meiner Augen.

«Kuscheln ist so schön!» schwärmte sie.

«Frau Grünlich, ich werde nie mehr kommen!» versuchte ich es ein letztes Mal.

«Am Montag?» fragte sie.

Ich schüttelte den Kopf.

Sie guckte ganz erstaunt: «Dienstag?»

Wieder verneinte ich.

Sie erfragte jeden Wochentag einzeln. Dann kippte ihr Oberkörper so weit nach vorne, daß ich ihr helfen mußte, sich wieder aufzurichten. Seufzend umarmte ich sie und küßte sie auf die Wange.

Ich versuchte, die Bilder zu verdrängen: Wie Frau Grünlich in ihrem Sessel sitzt und vergeblich auf mich wartet. Wie sie morgens in ihrer Lache aus Urin und Blut liegt und «Pfleger!» schreit. Wie sie irgendein anderer Pfleger füttert und nicht weiß, daß man ihr dabei den Oberarm streicheln muß, damit es ihr richtig schmeckt. Ich verdränge ihr Gesicht am Morgen, wenn sie das Gebiß noch nicht im Mund hat und ihre eingefallenen Wangen sie noch kleinmädchenhafter machen.

Ihre unschuldig guckenden großen Augen!

Wie sie manchmal fragte: «Bin ich artig?»

Die arme Frau Grünlich in ihrem Sessel. Immer ihr Sessel. Und das Bett. Und das Bad. Und ihr kleiner Tisch am Küchenfenster. Dann wieder der Sessel. Und so weiter. Jeden Tag, immer das gleiche.

Die Tage vergehen, mit ihnen Frau Grünlich, allein gelassen, vergessen, als Last empfunden.

«Pfleger! Helfen Sie mir! Kommen Sie!»
«Auf Wiedersehen, Frau Grünlich!» brüllte ich, wohl wissend, daß es kein Wiedersehen geben wird.
«Servus!» sagte sie heiter und freute sich auf den nächsten Tag, an dem sie mit mir rechnete.

Morgen kommst Du aus Paris zurück.
In meinen Briefen schrieb ich immer wieder, daß es etwas gebe, das ich Dir nicht sagen könne.
Ich schrieb: «Ich fürchte die Endgültigkeit dieser Äußerung!» Aber jetzt werde ich es Dir sagen.

Heinar Kipphardt

Aufgabe des Schriftstellers ist es, «einige Wahrheiten zu verbreiten». So lapidar und engagiert bestimmte **Heinar Kipphardt** (1922-1982) seine eigene Arbeit. Seine Theaterstücke wie «Bruder Eichmann» über den Prozeß gegen den SS-Massenmörder oder «In der Sache J.R.Oppenheimer» zur Schuld der Physiker an der Atombombe reden von solchen Wahrheiten – auch wenn es den Mächtigen in Ost und West nicht paßte.

Kipphardt stammte aus Schlesien. Sein Vater, ein Sozialdemokrat, wurde von den Nazis ins KZ Buchenwald gesperrt. Anfangs studierte er Medizin, 1949 zog er nach Ost-Berlin und wurde Dramaturg am Deutschen Theater, wo sein erstes Theaterstück «Shakespeare dringend gesucht»1953 Furore machte. 1959 siedelte er in die Bundesrepublik über. Sein eindringlicher Roman «März», die Geschichte über das Schweigen und Verstummen eines Dichters in der Psychiatrie, machte ihn auch hierzulande bekannt. Kipphardt starb am 18.November 1982.

Bruder Eichmann *Schauspiel und Materialien*
(rororo 5716)

In der Sache J.Robert Oppenheimer *Ein Stück und seine Geschichte*
(rororo 12111)

Joel Brand und andere Theaterstücke
(rororo 12194)

Heinar Kipphardt
Ruckediguh-Blut ist im Schuh

*Essays, Briefe, Entwürfe
Band 2:
1964-1982*

rororo

Werkausgabe

rororo Literatur

März *Roman und Materialien*
(rororo 5877)

Schreibt die Wahrheit *Essays, Briefe, Entwürfe. Band 1: 1949-1964*
(rororo 12571)

Ruckediguh, Blut ist im Schuh *Essays, Briefe, Entwürfe. Band 2: 1964-1982*
(rororo 12572)

Shakespeare dringend gesucht und andere Theaterstücke
(rororo 12193)

Traumprotokolle
(rororo 5818)

Die Tugend der Kannibalen *Gesammelte Prosa*
(rororo 12702)

Umgang mit Paradiesen *Gesammelte Gedichte*
(rororo 12805)

Gesammelte Werke *10 Taschenbücher in einer Kassette*
(rororo 34012)